U0084522

卓越不是單一的舉動，而是習慣！

——亞里斯多德

習慣形成性格，性格決定命運。

——約・凱恩斯

做一件好事並不難，難的是養成一種做好事的習慣。

——亞里斯多德

習慣改變性格

唐牧　著

引言

「墨菲定律」是一種心理學定律，由愛德華．墨菲（Edward A. Murphy）提出，它的基本內容就是：「凡是有可能出錯的事，有很大概率就會出錯。」「墨菲定律」、「帕金森定律」和「彼得原理」並稱爲二十世紀西方文化三大發現。

「墨菲定律」說：凡事不要習慣用直覺，並且過度依賴直覺。

人的思維都會有一種慣性作用，會依循自己常用的路徑前進。那麼，到底「習慣」是什麼？爲什麼有人說：習慣是人的第二天性。

《美國心理學期刊》將「習慣」解釋爲：「以心理學的觀點來看，習慣是某種程度上固定的思考方式、意志或者感覺方式，是由以往重複的心智體驗而獲得的。」

習慣是一種常常出現的行爲，而且常常是在無意識之中出現。將一個新的行爲變成習慣的過程稱爲習慣養成。不過，舊的習慣多半難以改變，而新的習慣也不容易形成，因爲人們所重複的行爲模式是印在其神經網路上的，不過可以藉由反覆進行來養成新的習慣。隨著行爲在一致性的情境中重複的出現，會增加此一情境和行爲的聯結，因此也增加了在此一情境下行爲的自動性。習慣性行爲的特徵是：往往會快速出現、未覺察、無意識下進行，而且無法控制。

一般人在出現習慣性行爲時，不一定會注意到，因爲人們在進行日常工作時，不會對自己所做的事作詳細的分析，習慣有時候會有強制性，因爲是不自覺的行爲。習慣一般會由引起的原因（也可能是環境）開始，接著是習慣本身，最後是產生的回饋感受。回饋感回頭再強化整個過程，讓大腦把回饋感與起因綁在一起，導致遇到相似環境與狀況時，本能像開關被打開了一樣，自然而然地去執行。因此，形成了「慣性迴路」也就是我們所謂的「習慣」。所以，「墨菲定律」還說——「對於別人好的忠告，唯一的方法就是轉送他人。他們認爲——這玩意對自己從來就沒有什麼用處！」也就是說：你只會習慣於自己的固執，而不會去做任何改變。

序文

前些時候，「性格改變命運」之類的書籍，風行了好一陣子，可說穿了、說細了，就是「你的習慣，會改變你的命運」，也就是習慣足以影響我們的一生，甚至決定我們一生的成敗！

如果你現在閉上眼睛，仔細回想一下你的過去，對於那些錯誤的決定，那些不良的人際關係（包括男女朋友），是不是給你帶來了相當的困擾，與足夠痛心的後遺症呢……

如果能夠重新開始，你是否能做得更好，相信每個人都自認為「會做得更好」，是的，經驗會帶來反省，反省會讓人長進，不過呢？你可不一定會做得更好，為什麼呢？假如你的習慣並沒有改過來，到頭來那些錯誤還是會重新上演的……

習慣在我們的行為中，每時每刻都在潛移默化，它驅使著我們的行為，讓人不願親近，甚至遭人厭惡……

習慣的引力就如同自然界所有的力量一般，既能為我們所用，也能危害我們。改變一種壞習慣的過程可能很不好受，因為我們已經以原有的方式做事情很久了，而養成一種好習慣的過程也可能對經年累月養成的習性感到不習慣。但這或許就是我們給自己的一次機會，一次只需要我們根據自然法則去重複製造的機會。

因此，我們說，如果你不給自己一個機會，去改變不良的習慣，那麼你的人生也只能如此一般，與其下決心去突破自己的人生，不如先下決心去學習好的習慣，讓習慣成為自然，讓習慣成爲你成功的好幫手！

這即是每天妳要訓練自己、並且要銘記在心上的——寧做好習慣的僕人，不當壞習慣的主人。

第一章　如何排解不良的情緒／17

人的一生，就像一趟旅行，沿途中有數不盡的坎坷泥濘，但也有看不完的春花秋月。如果我們的一顆心總是被灰暗的風塵所覆蓋，乾涸了心泉、黯淡了目光、失去了生機、喪失了鬥志，我們的人生軌跡豈能美好？而如果我們能勤於清掃自己的「心地」，勤於撣淨自己的靈魂，我們也一定會有「山重水盡疑無路，柳暗花明又一村」的那一天。

人們最初的內心期望，經過一段時間的努力，最終演變成他們的結果。結果決定於行爲，行爲決定於態度，態度決定於信念，信念決定於自我期望。有什麼樣的內心期望，你就會選擇什麼樣的信念，接著就會有什麼樣的處事態度以及什麼樣的行爲，因此，也就有了什麼樣的結果。

體育鍛鍊不僅可增強人的體魄，還可消除人心中的憂鬱。養成體育鍛鍊的好習慣，一方面可使注意力集中到活動中去，轉移和減輕原來的精神壓力和消極情緒；另一方面還可以加速血液循環，加深肺部呼吸，使緊張情緒得到鬆弛。因此，我們應積極參加體育活動，自覺運用積極情緒克服消極情緒，養成眞正能保持我們身體健康的好習慣。

第四章　讓自己快樂的好習慣／171

人是一個追求目標的生物，所以，只要他朝著某個積極的目標努力，他一定能自然正常地發揮作用。快樂就是自然正常地發揮作用的徵兆。人只要發揮出一個目標追求者的作用，不管環境如何，他都會感到十分快樂。

第一章

如何排解不良的情緒

南宋僧人神秀曾作一偈：「身是菩提樹，心如明鏡台。時時勤拂拭，勿使惹塵埃。」心如明鏡，纖毫畢現，洞若觀火，那身無疑就是「菩提」了。但前提是「時時勤拂拭」，否則，塵埃厚厚，似繭封裹，心定不會澄碧，眼裏不會明亮了。

一個人，在塵世間走得太久了，心靈無可避免地會沾染上塵埃，使原來潔淨的心靈受到世間的污染和蒙蔽。心理學家曾說過：「人是最會製造垃圾來污染自己的動物。」的確，清潔工每天早上都要清理人們製造的成堆的垃圾，這些有形的垃圾容易清理，而人們內心中諸如煩惱、欲望、憂愁、痛苦等無形的垃圾卻不那麼容易被處理了。因為，這些真正的垃圾常被人們忽視，或者，出於種種的擔心與阻礙不願去掃。譬如，太忙、太累；或者擔心掃完之後，必須面對一個未知的開始，而你又不確定哪些是你想要的。

的確，清掃心靈不像日常生活中掃地那樣簡單，它充滿著心靈的掙扎與奮鬥。不過，你可以告訴自己：每天掃一點，每一次的清掃，並不表示這就是最後一次。而且，沒有人規定你一次必須掃完。但你至少要經常清掃，及時丟棄或掃掉拖累你心靈的東西。

人的一生，就像一趟旅行，沿途中有數不盡的坎坷泥濘，但也有看不完的春花秋月。如果我們的一顆心總是被灰暗的風塵所覆蓋，乾涸了心泉、黯淡了目光、失去了生機、喪失了鬥志，我們的人生軌跡豈能美好？而如果我們能勤於清掃自己的「心地」，勤於撣淨自己的靈魂，我們也一定會有「山重水盡疑無路，柳暗花明又一村」的那一天。

做自己情緒的主人

世界如一面鏡子：皺眉視之，它也皺眉看你；笑著對它，它也笑著看你。

——塞繆爾

許多人都懂得要做情緒的主人這個道理，但遇到具體的問題時還是會知難而退，只丟下一句：「控制情緒實在是太難了。」言下之意就是：「我是無法控制的。」別小看這些自我否定的話，這是一種嚴重的不良暗示，它眞的可以毀滅你的意志，使你喪失戰勝自我的決心。

還有的人習慣於抱怨生活：「沒有人比我更倒楣了，生活對我太不公平。」抱怨聲中他得到了片刻的安慰和解脫，「這個問題怪生活而不能怪我！」結果卻因小失大，讓自己無形中忽略了主宰生活的職責。所以要改變一下對身處逆境的態度，用開放性的語氣對自己堅定地說：「我一定能走出情緒的低谷，現在就讓我來試一試！」這樣你的自主性就會被啓動，沿著它走下去就是一番嶄新的天地，你會成爲自己情緒的主人。

輸入自我控制的意識是開始駕馭自己的關鍵一步。曾經有個中學生，不會控制自己的情緒，常常和同學爭吵，老師批評他沒有涵養，他還不服氣，甚至和老師爭執，老師沒有動怒而是拿出相關書籍逐字逐句解釋給他聽，並列舉了身邊大量的例子，他嘴上沒說卻早已心悅誠服。從此他有了自我控制的意識，經常提醒自己，主動調整情緒，自覺注意自己的言行。就在這種潛移默化中他擁有了健康而成熟的情緒狀態。

其實調整控制情緒並沒有你想像的那麼難，只要掌握一些正確的方法，就可以很好地駕馭自己。在眾多調整情緒的方法中，你可以先學一下「情緒轉移法」，即暫時避開不良刺激，把注意力、精力和興趣，投入到另一項活動中去，以減輕不良情緒對自己的正面衝擊。

一個考大學落榜的女孩，看到同學接到錄取通知書時深感失落，但她沒有讓自己沉浸在這種不良情緒中，而是幽默地告別好友：「我要去解放自己了。」然後出門旅遊去了。風景如畫的大自然深深地吸引了她，遼闊的海洋蕩去了她心中的鬱積，情緒平穩了，心胸開闊了，她又以良好的心態走進生活，面對現實。

可以轉移情緒的活動很多，你最好還是根據自己的興趣愛好以及外界事物對你的吸引力來選擇，如各種文藝活動、與親朋好友傾談、閱讀書籍、練習琴棋書畫等等。總之將情緒轉移到這些事情上來，儘量避免不良情緒的正面撞擊，減少心理創傷，會有利於情緒的及時穩定。

情緒的轉移關鍵是要主動及時。不要讓自己在消極情緒中沉溺太久，立刻行動起來，你會發現自己完全可以戰勝情緒，也惟有你可以擔此重任。

人前容易臉紅的人，多數對自己缺乏自信

一個人除非自己有信心，否則不能帶給別人信心，對自己信服的人，方能讓別人也信服。

——佚名

每個人在與自己不熟悉或比較重要的人交往時，都會出現一種緊張或激動，並反射性地引起人體交感神經興奮，從而使人的心跳加快，毛細血管擴張，即表現爲臉紅。

人前容易臉紅的人，多數對自己缺乏自信，具有自卑感，因而加強自信心的培養，克服自卑感，可起到釜底抽薪的作用。

要改變只會看到自己的短處，並用自己的短處去比較別人的長處的這種思維方式，反過來要經常想想自己有哪些長處或優勢，以自己的長處去比別人的短處，從而逐漸改變對自己的看法。

在改變對自己的看法的同時，再將注意力轉移到自己感興趣、也最能體現自己才能的活動中去，先尋找一件比較容易也很有把握完成的事情去做，一舉成功後便會有一分喜悅，做完後再用同樣的方法確定下一個目標。這樣，每成功一次，便強化一次自信心，逐漸地自信心就會越來越強。

手指有長有短，人也不可能十全十美，人的價值主要體現在通過自身的努力盡可能地發揮自己的潛能。把缺點、失敗及別人的恥笑等看得淡然一些，並把它們當成完善自己的動力，對別人的評價和議論自己心中要有主見，做到「有則改之，無則加勉」，不必爲人言所左右，或憂心忡忡、或無所適從。

人會自卑，是因爲通過比較和自省，發現自己確有不如人處。而處事成功，也需要一定的知識和能力。所以，一個人要想最終克服自卑心理，就必須在建立自信的同時正視自己的不足，通過多學、多做，來充實自己、增加各種歷練的豐富經驗，學會與人交往的方法與技巧。

要接受不可避免的事實

十全十美是上天的尺度，而要達到十全十美的這種願望，則是人類的尺度。

——歌德

生命並不總是一帆風順的幸福之旅，而是時時在幸與不幸、沉與浮、光明與黑暗之間的模式裏擺動。面對種種的不幸，只有一個方法——就是接受它。

心理學家威廉·詹姆斯提出忠告：「要樂於接受必然發生的情況。接受所發生的事實，是克服隨之而來的任何不幸的第一步。」

在漫長的人生歲月中，你我一定會碰到一些令人不快的情況，它們既是已經發生了，就不可能再改變。我們也可以有所選擇——我們可以把它們當做一種不可避免的情況加以接受，並且適應它，否則我們可能用憂慮來毀了我們的生活，甚至最後可能會被弄得精神崩潰。

在你剛剛受到打擊的時候，整個世界似乎停止了運行，而我們的苦難也似乎永無止境。當我們的生活被不幸的遭遇分割得支離破碎的時候，只有時間可以把這些碎片撿拾起來，並重新撫平創傷。我們要給時間一個機會。

這不是說，在碰到任何挫折的時候，都應該低聲下氣，那樣就成爲宿命論者了。

不論在哪一種情況下，只要還有一點挽救的機會，我們就要奮鬥。但是當普通常識告訴我們，事情是不可避免的——也不可能再有任何轉機時——我們就應該保持理智，不要「庸人自擾」。

當你「不幸」遇到不幸時，你可以這樣做——

1．先試著接受這不可避免的事實；

2．讓時間去治療你的傷痛；

3．採取一些行動，改變你的困境；

4．充分堅定信心，因爲不幸只是過客。

5．揮揮手，向不幸告別；如果你沉迷於它，那不幸就只會陪在你的身旁，做你永遠的伴侶了。

不要因為壓力而讓自己過度緊張

人若神經緊張，說東道西，就會猶豫不定，反把事情耽誤了。耽誤的結果是叫人喪志乞憐，寸步難移。

——莎士比亞

自己的壓力有多大，常常只能感覺，而沒有衡量的標準。我們不妨試著從外表所浮現出的異常行為來判斷自己是否已出現了過度緊張的警訊。

1．反應過度：只是被隨便說兩句，反應就出奇地激烈。

2．麻木不仁：無論上司交辦什麼事情，都裝作沒聽到，能拖則拖，能拖到明天，就不急著今天做。

3．虛晃一招：像無頭蒼蠅似地到處「流竄」，但卻交不出張具體的成績單。

4．自生自滅：固執不開竅，寧可玉石俱焚，也不願接受他人的善意援助。

5．自暴自棄：即使自己的工作不斷的受到他人干擾，也不會介意。

6．逃避現實：大禍臨頭之際，依然擺出一副「生死有命」的灑脫態度。

7．完美主義：鑽牛角尖，把所有時間都泡在一些無關宏旨的細節上。

8．朝三暮四：三分鐘熱度，什麼事情都想做，但都只做一半。

9．輕重不分：把十萬火急的工作扔到一旁，還可以拖的事情卻立馬就辦。

10．到處插花：好管閒事，到處抬槓，也不管人家有沒有空？

11．惹是生非：這種人最討厭，只會到處點火招惹事端。

12．心灰意冷：每天遲到早退，做事心不在焉。

面對生活，我們有很多追求，當我們爲這些追求而努力時，是否也考慮過由於過度緊張卻降低了自己的效率。

面對厄運，不妨轉換一下思考問題的角度

樂觀主義者總是想像自己實現了目標的情景。

——西尼加

譬如照相，同一景物，從不同角度拍攝，就會得到不同的形象。對待厄運也是這樣。

一位西方作家有句名言：「生活是一面鏡子，你對它笑，它就對你笑；你對它哭，它也對你哭。」

的確，如果我們以歡悅的態度微笑著對待生活，生活就會對我們「笑」，我們就會感受到生活的溫暖和愉快。而我們如果總是以一種痛苦的、悲哀的情緒注視生活，那麼生活的整個基調在我們心中也就會變得灰暗了。

水能載舟，亦能覆舟。順境和逆境，在一定條件下是會互相轉化的。面臨厄運時我們如果能夠適當地變換思維的角度和方式，多從其他方面重新評價和審視所遭遇的挫折，會有助於擺脫自己所處的困境。

遠離抑鬱

得意勿恣意奢侈，失意勿抑鬱失措。

——李叔同

抑鬱就好像透過一層黑色玻璃看一切事物。

這時，無論是考慮你自己，還是考慮世界或未來，任何事物看來都處於同樣的陰鬱而黯淡的光線之下。「做什麼都不對勁」；「我徹底完蛋了」；「我已經無藥可救了」。當你工作中出了一點毛病，或心中充滿了灰色的消極色彩，你就認爲「我已經無能爲力了」，好像你曾經的能力已經一去不回了。

這時，回想過去，你的記憶中充滿著一連串的失敗、痛苦和虧損，而那些你曾經認爲是成就或成功的事情，以及你的愛情和友誼，現在看來都一文不值了。

抑鬱是隔在你和生活之間的高牆，因此，遠離抑鬱最好的方法就是——勇於面對自己所要面臨的生活，勇敢地找回自信的、眞實的、快樂的自己。

保持理智

我們可能把幻想作爲伴侶，但必須以理智作爲我們的指引。

——約翰遜

是否能保持理智的心態，是判斷一個人是否心理成熟的重要標誌之一，在生活中、工作中，發生了不幸之後，哪些事情是我們該做的呢？

第一，要承擔自己行為的後果

我們做人的最終目的是走向成熟。一個會全面衡量和把握局面的人，才足以稱得上是一個成熟的人。一個人邁向成熟的第一步應該是承擔責任。我們要爲自己的行爲負責，把它扛下來，而不是光踢椅子。

第二，不要在乎厄運，也許它是一種幸運的開始

人性有一個弱點，就是把厄運當做難以逾越的障礙。人的一生中不可能不遇到困難，甚至是大的災難，不過，請記住：危機往往是一種轉機。

第三，學會擺脫生活中的不幸感

幸運之神不可能時時伴隨我們每一個人。遲早，生活本身便會教我們明瞭：在受苦受難的經歷裏，我們每個人都是平等的。受苦的人，往往我們只會看到自己的不幸，而看不到別人的不幸。

第四，擁有自己的信仰並付諸行動

一個沒有信仰的人就如一艘沒有航標的生命之舟，你不知道自己將駛向何方。當然，光憑信仰並不足以讓我們變得成熟。信仰的好處是能增加勇氣，使我們在接受考驗的時候，不致臨陣退卻。除非我們以信仰做基礎，然後付諸行動，否則任何道理、方法、原則都沒有用處。

第五，不要盲從因襲

如果要平安過日，要先學會讓自己冷靜，冷靜才會做出理智的判斷，而不會人云亦云，且盲從附合別人。

第六，時時注意自己身上有哪些令人討厭之舉止，並加以糾正

自己有些壞習慣往往不加以糾正，卻只會看別人覺得不順眼。

保持足夠的冷靜

人的理智就好像一面不平的鏡子，由於不規則地接受光線，因而把事物的性質和自己的性質攪混在一起，使事物的性質受到了歪曲，改變了顏色。

——培根

在生活當中，冷靜地面對社會百態，才能使我們的生活提升至較高品位。冷靜處事，是爲人的素質體現，也是情感的睿智反映。

生活中的偶然，在理智面前可轉化爲令人快慰的必然，偶然與必然儘管有理論上的反差，但它決然可在冷靜和智慧中達到完美的統一。

以冷靜面對社會，有利於對順境與逆境的反思，可既利社會又利自己；以冷靜面對生活，有利於苦樂中的修煉，可盡享人生中的愜意；以冷靜面對他人，有利於善惡中的辨識，可近君子而遠小人；以冷靜面對名利，有利於道德上的不斷完善，可提高人品和素質；以冷靜面對坎坷，有利於安危中的權衡，可除惡保康寧。冷靜使我們大度、理智、無私和聰穎。

積極與人交往，培養社交興趣

我們想的是如何養生，如何聚財，如何加固屋頂，如何備齊衣衫；而聰明人考慮的卻是怎樣選擇最寶貴的東西——朋友。

——愛默生

人是社會的一員，必須生活在社會群體之中，一個人要逐漸學會理解和關心別人，一旦主動愛別人的能力提高了，就會感到生活在充滿愛的世界裏。如果一個人有許多知心朋友，可以取得更多的社會支持；更重要的是可以感受到充足的社會安全感、信任感和激勵感，從而增強生活、學習和工作的信心和力量，最大限度地減少心理過度應激反應和心理危機感。

隨著核心家庭的增多，來自家庭的社會支持減少，因此走出家庭，擴大社會交往顯得更有實際意義。

有些人認爲社交能力是與生俱來的特質或屬性。譬如，一個社交能力高的人天生較外向、善於交際。所謂「江山易改，本性難移」，要改變社交能力實比移山更爲艱難。多數的心理學家並不贊同這種看法。反之，他們認爲只要能辨認出可以預測社交能力的因素，便可以設計一些課程來培訓這種能力。

要有效地提高社交能力，可從兩方面入手，一是對社會情境的辨析能力，一是提高對其他人心理狀態的洞察力。

對環境的辨析能力要有效地達到社交目標，便要因應情勢而做出相應的行爲。社交環境瞬息萬變，交往的對象亦有不同的特質，要適應不同社交環境、人物，便非要有精銳的觀察和認知能力不可。

對環境的辨析能力是社交能力的一個重要部分。一個人如果能夠對情境間的細微不同之處加以區分，往往更能掌握社交環境的變化而做出合宜的行爲，以適應不同性質、千變萬化的環境。

過度的堅持，會導致更大的浪費

庸才之所以平庸就是因爲他們的思想愚昧而固執。

——愛默生

有些事情，你雖然努力了，但你遲早會發現自己處於一個進退兩難的位置，你所走的路線也許只是一條死胡同，堅持下去，只會給自己增加煩惱。這時候，最明智的辦法就是抽身退出，去試試別的專案，尋找成功的機會。

牛頓早年就是永動機的追隨者。在進行了大量的實驗失敗之後，他很失望，但他很明智地退出了對永動機的研究，而在力學研究中投入更大的精力。最終，許多永動機的研究者默默而終，而牛頓卻因擺脫了無謂的研究，而在力學研究方面脫穎而出。

在人生的每一個關鍵時刻，我們都要審慎地運用智慧，做最正確的判斷，選擇正確的方向，同時別忘了及時檢視選擇的角度，適時調整。放棄無謂的固執，冷靜地用開放的心胸做正確抉擇。每次正確無誤的抉擇將指引你走向成功。

許多滿懷雄心壯志的人意志很堅強，但是由於不會進行新的嘗試，因而無法成功。「條條大路通羅馬」，請你堅持你的目標吧，不要猶豫不前，但也不能太固執，不知變通。如果你確實感到行不通的話，就嘗試另一種方式吧。

堅持是一種良好的品質，但在有些事上，過度的堅持，會導致更大的浪費。

不被情緒牽著走

一個人的首要職責是什麼？很簡單：做自己。

——易卜生

在荷蘭阿姆斯特丹，有一座15世紀的寺院，寺院的廢墟裏有一個石碑，石碑上刻著：

「既已成爲事實，就只能如此。」

天有不測風雲，人有旦夕禍福。人活在世上大都難免要遇上幾次災難或許多難以改變的事情。世上有些事是可以抗拒的，有些事是無法抗拒的，如親人亡故和各種自然災害，既已成爲事實，你就只能接受它、適應它。

否則憂悶、悲傷、焦慮、失眠會接踵而來，最後的結局是：你不能改變這些無法抗拒的事實，而是讓無法抗拒的事實改變了你。

巴甫洛夫說：「一切頑固沉重的憂悒和焦慮，足以給各種疾病大開方便之門。」

許多名醫的醫療實驗證明，癲狂症、胃腸疾病、高血壓、冠心病及癌症等，都與人的情緒有著直接的關係，有的則完全是由於強烈的情緒波動所引起的。

任何人遇上災難，情緒都會受到影響，這時一定要操縱好情緒的轉換器。當面對無法改變的不幸或無能爲力的事時，就抬起頭來，對天大喊：「這沒有什麼了不起，它不可能打敗我。」或者聳聳肩，默默地告訴自己：「忘掉它吧，這一切都會過去！」

放掉後悔，抓住未來

恰當地說，人是因希望活著的，除了希望，一無所有。

——托瑪斯·卡萊

令人後悔的事情，在生活中經常出現。許多事情做了後悔，不做也後悔；許多人遇到了要後悔，錯過了更後悔；許多話說出來後悔，說不出來也後悔——人的遺憾與後悔情緒彷彿是與生俱來的，正像苦難伴隨生命的始終一樣，遺憾與悔恨也與生命同在。

從昨天的風雨裏走過來，身上難免沾染一些塵土和黴氣，心中多少留下一些酸楚的記憶，這是不能完全被抹掉的。

人生一世，花開一季，誰都想讓此生了無遺憾，誰都想讓自己所做的每一件事都永遠正確，從而達到自己預期的目的。

可這只能是一種美好的幻想。

人不可能不做錯事，不可能不走彎路。做了錯事、走了彎路之後，有後悔情緒是很正常的，這是一種自我反省，是自我解剖的前奏曲，正因爲有了這種「積極的後悔」，我們才會在以後的人生之路上走得更好、更穩。

但是，如果你糾纏住後悔不放，或羞愧萬分、一蹶不振，或自慚形穢、自暴自棄，那麼你的這種做法就眞正是蠢人之舉了。

古希臘詩人荷馬曾說過：「過去的事已經過去，過去的事無法挽回。」

如果總是背著沉重的懷舊包袱，為逝去的流年傷感不已，那只會白白耗費眼前的大好時光，那也就等於放棄了現在和未來。那麼，我們又為什麼不好好把握現在，珍惜此時此刻的擁有呢？為什麼要把大好的時光浪費在對過去的悔恨之中呢？

追悔過去，只能失掉現在；失掉現在，哪還有未來！

不要讓自己有太多捨不得

人的本能是追逐從他身邊飛走的東西，卻逃避追逐他的東西。

——伏爾泰

作家吳淡如說得好：「好像要到某種年紀，在擁有某些東西之後，你才能夠悟到，你建構的人生像一棟華美的大廈，但只有硬體，裏面水管失修，配備不足，牆壁剝落，又很難找出原因來整修，除非你把整棟房子拆掉。你又捨不得拆掉。那是一生的心血，拆掉了，所有的人會不知道你是誰，你也很可能會不知道自己是誰。」

仔細咀嚼這段話，你會發現，我們不就是因爲「捨不得」嗎？

很多時候，我們捨不得放棄一個放棄了之後並不會失去什麼的工作，捨不得放下已經很遠很遠的種種往事，捨不得放棄對權力與金錢的追求——於是，我們只能用生命作爲代價，透支著健康與年華。

不是嗎？現代人都精於算計投資回報率，但誰能算得出，在得到一些自己認爲珍貴的東西時，有多少和生命休戚相關的美麗像沙子一樣在指掌間溜走？而我們卻很少去思忖：掌中所握的生命的沙子的數量是有限的，一旦失去，便再也撈不回來。

佛家說「要眠即眠，要坐即坐」，是多麼自在的快樂之道啊，倘使你總是「吃飯時不肯吃飯，百種需索，睡眠時不肯睡眠，千般計較」，這樣放不下，你又怎能快樂呢？

走出虛榮的死胡同

虛榮如殺手，有朝一日會敗露行跡。

——韓拿．柯里

要想在世上尋找一個毫無虛榮的人，就和尋找一個內心毫不隱藏低劣感情的人一樣困難。其實，虛榮不過是被人們借來遮掩他們低劣的心理罷了。

有一個人做生意失敗了，但是他仍然極力維持原有的排場，惟恐別人看出他的失意。爲了能重新站起來，他經常請人吃飯，拉攏關係。宴會時，他租用轎車去接賓客，並請了兩個鐘點女傭，佳餚一道道的端上，他以嚴厲的眼光制止自己久已不知肉味的孩子搶菜。雖然前一瓶酒尚未喝完，他已砰然打開櫃中最後一瓶XO。當那些心裏有數的客人酒足飯飽告辭離去時，每一個人都熱烈地致謝，並露出同情的眼光，卻沒有一個人主動提出幫助。

希望博得他人的認可是人的一種無可厚非的正常心理，然而，人們在獲得了一定的認可後總是希望獲得更多的認可。所以，人的一生就常常會掉進爲尋求他人的認可而活的愛慕虛榮的牢籠裏面。

如果你想獲得個人的幸福，你必須將這種想求得他人認可的虛榮心，從你的生命中根除掉。

不要難為自己，放棄負面情緒

人生所有的歡樂是創造的歡樂：愛情、天才、行動——全靠創造這一團烈火迸射出來的。

——羅曼．羅蘭

痛苦的感受猶如泥濘的沼澤地，你越是不能很快從中脫身，它就越可能把你陷住，使你越陷越深，直至不能自拔。南唐後主李煜被俘後賦詞曰：

往事只堪哀，對景難排。
秋風庭院蘚侵階。
一任珠簾閑不捲，終日誰來？
金劍已沉埋，壯氣蒿萊。

晚涼天淨月華開。

想得玉樓瑤殿影，空照秦淮。

像這樣留戀著逝去的榮華富貴，死盯住自己的遭遇不放，哪能不被沉重的痛苦情緒所壓倒呢？

魯迅筆下的祥林嫂，心愛的兒子被狼叼走後，痛苦得心如刀割，她逢人就訴說自己兒子的不幸。起初，人們對她還給予同情。但她一而再、再而三地講，周圍的人們就開始厭煩，她自己也更加痛苦，以致麻木了。老是向別人反覆講述自己的痛苦，就會使自己久久地不能忘記這些痛苦，更長久地受到痛苦的折磨。

放棄負面情緒不是採取逃避的態度。而是說，一方面，情感不要長久地停留在痛苦的事情上；另一方面，我們的理智應當多在挫折和坎坷上尋找突破口。

轉移自己的情緒注意力

我們曾經爲歡樂而鬥爭，我們將要爲歡樂而死。因此，悲哀永遠不要同我們的名字連在一起。

——伏契克

當你因不愉快的事而情緒不佳時，你不妨試試轉移自己的情緒注意力。

首先，積極參加社會交往活動，培養社交興趣。一個離群索居、孤芳自賞、生活在社會群體之外的人，是不可能獲得心理健康的。

其次，多找朋友傾訴，以疏泄鬱悶情緒。生活和工作中難免會遇到令人不愉快和煩悶的事情，如果有好友聽你訴說苦悶，那麼壓抑的心境就可能得到緩解或減輕，失去平衡的心理可以恢復正常，並且得到來自朋友的情感支持和理解，獲得新的思考，增強戰勝困難的信心。

還可向自然環境轉移，郊遊、爬山、游泳或在無人處高聲大喊、大叫等。也可積極參加各種活動，尤其是將自己的情感以藝術的手段表達出來。

第三，重視家庭生活，營造一個溫馨和諧的家。家庭可以說是整個生活的基礎，溫暖和諧的家是家庭成員快樂的源泉，事業成功的保證。這樣的環境也利於孩子人格的發展。如果夫妻不和、吵架，將會極大破壞家庭氣氛，影響夫妻的感情及其心理健康，而且也會極大地影響孩子的心靈。可以說不和諧的家庭經常製造心靈的不安與污染，對孩子的教育很不利。

理想的家庭模式，應該是所有成員都能輕鬆表達意見，相互討論和協商，共同處理問題，相互給予情感上的支持，團結一致應付困難。每個人都應注重建立和維持一個健全的家庭。社會可以說是個大家庭，一個人如果能很好地適應家庭中的人際關係，就可以很好地在社會中生存。

生活，離不開眼淚

各人有各人理想的樂園，有自己樂於安享的世界，朝自己樂於追求的方向去追求，就是你一生的道路。不必抱怨環境，也無須豔羨別人。

——羅蘭

眼淚能促進家庭的和睦，增強人們的責任心。「哇，哇——」孩子一哭，常常使正在吵架的年輕夫婦意識到原來這個家庭還有孩子，怨氣很可能即刻煙消雲散。

眼淚可以使愛情更加甜美。生活中磕磕碰碰在所難免，戀人間一方傷心落淚，另一方絕無聽之任之之理。淚水澆熄心頭的怒火，淚水浸軟那趨於鋼化的靈魂，淚水融會了他與她的靈與肉，從而他們冰釋前嫌，走向和諧幸福。

眼淚可以增進親朋間的感情，可以冰釋親朋間的隔閡。若是久別重逢，人們常常抱頭痛哭，這哭聲和淚水在盡情地訴說著彼此之間深重的情誼，用淚水代替了過多的言語。如若親朋反目，一旦一方在某一時刻幡然悔悟，或意識到自己在無意中傷害了無辜的心靈，他亦會流淚，此時的淚水可使朋友之間、夫妻之間、親人之間的隔閡壁壘，轉瞬間土崩瓦解。

眼淚也是自我調節的重要方式。有個女孩說她每當心情鬱悶的時候都會去看悲劇，讓自己痛痛快快地大哭一場，哭過之後便會心情舒暢。

管理好自己的情緒

開朗的性格不僅可以使自己經常保持心情的愉快，而且可以感染你周圍的人們，使他們也覺得人生充滿了和諧與光明。

——羅蘭

管理自己的情緒，不但有益身心健康，而且能使自己的工作效能提高。心理學大師告訴我們：管理情緒，首先要從處理不當情緒開始，主要包括化解憤怒、緩和性急、消除緊張、革除悲觀、排遣厭倦五個方面。

一、如何化解憤怒

1．我們的不良情緒是：挫折、太累、被批評，傷了自尊等等，以致於憤怒令我們失去理智、引發衝突、做出錯誤決定。處理（衝突）憤怒的時候，你不妨使用紙筆，寫下以下的問題：我現在碰到什麼難題？我正在或正想做什麼？這樣做有益嗎？我眞正想要做的是什麼？我該怎麼做？

2．不良情緒導泄法：我們的行爲一定要對事不對人；說出自己的感受，而不是批評對方；注意時機的適當性；與對方交流要把握恰當的語言及肢體語言。另外要注重向適當可靠的人傾訴。

3．擱置法：告訴自己，改天再談；暫時放下它；把不良情緒關在門外。

二、如何緩和性急

性急就是壓力的表現，也是情緒不穩定的表徵。性急的人容易使自己的健康受損，也會失去定力，失去理智。在生活中稍不如意都可以讓他們心亂如麻，以致不屑與人交談，或者對一般的生活覺得難耐，或者對未完成的事局促不安；還有些人爭強好勝，卻輸不起，易被激怒。

消除性急的方法：給自己多一點時間，或割捨行程表中的部分專案；對自己低語（別急！）安撫心裏頭毛躁的「孩子」；哼一首曲子；稍作休息。這些都有利於你讓自己的心平靜下來。

三、如何消除緊張

我們的緊張來自忙碌、競爭。緊張時身體會出現異常反應：肌肉繃緊，手心發汗，血液化學平衡失調。因此要注意你的整體身心作用：你的行動、思想、感受、身體反應在交互作用影響，會使緊張擴及你的身心和情緒表現。

當你緊張時，你可以通過淨化法——靜坐或是找個河堤去慢跑——以鬆弛的方式來改善自己的不良情緒。

四、如何革除悲觀

事實上我們的悲觀是由於不當的思考習慣所造成。碰到挫折，能區別思考的人，表現樂觀；不能區別思考的人則表現悲觀。

面對挫折時：樂觀者認爲那是暫時的、特定的、外在的原因；而悲觀者則認爲那是永久的、一般的、內在的原因。面對順境時，樂觀者與悲觀者的思考模式與前正好相反。樂觀者如有隔艙的船，悲觀者如沒有隔艙的船，悲觀者容易在受挫時不停地進水而沉沒。要時時在心裏提醒自己，要樂觀一點看問題，凡事都有它積極的一面。找到事物中對你有益或者有所啓發的東西。

五、如何排遣厭倦

長期承受壓力使我們產生厭倦。你可以改變自己的環境，改變自己的觀念，保持一個好心情。空虛也可使我們產生厭倦。那你就應該擬定新目標或新的藍圖，或從事物中看出新的意義，跟積極的朋友交往，保持溫暖的人際關係。

趨樂避害，自嘲自解

一個人如能讓自己經常維持像孩子一般純潔的心靈，用樂觀的心情做事，用善良的心腸待人，光明坦白，他的人生一定比別人快樂得多。

——羅蘭

豁達的人，每每是樂觀的人。而所謂樂觀，按照某位哲人的說法，就是樂觀的人與悲觀的人相比，僅僅是因爲後者選擇了悲觀。

豁達的人在遇到困境時，除了會本能地承認事實，擺脫自我糾纏之外，他還有一種趨樂避害的思維習慣。這種趨樂避害，不是爲了逃避它，而是爲了保持情緒與心境的明亮與穩定。

這也恰似哲人所言：「所謂幸福的人，是只記得自己一生中滿足之處的人；而所謂不幸的人，是只記得與此相反的內容的人。」每個人的滿足與不滿足，並沒有太多的區別差異，幸福與不幸福相差的程度，卻會相當巨大。

觀察分析一個心胸豁達的人，你往往會發現，他的思維習慣中還有一種自嘲的傾向。

這種傾向，有時會顯於外表，表現爲以幽默的方式擺脫困境。自嘲是一種重要的思維方式。每個人都有許多無法避免的缺陷，這是一種必然。

不夠豁達的人，往往拒絕承認這種必然。爲了滿足這種心理，他們總是緊張地抵禦著任何會使這些缺陷暴露出來的外來衝擊。久之，心理便成爲脆弱的了。

一個擁有自嘲能力的人，卻可以免於此患。他能主動察覺自己的弱點，覺得沒有必要去盡力掩飾。從根本上來說，一個尷尬的局面之所以形成，只是因爲它使你感到尷尬。要擺脫尷尬，走出困境，正面的迴避需要極大的努力，但自嘲卻爲豁達者提供了一條逃遁出去的輕而易舉的途徑——那些包圍我的，本來就不是我的敵人。於是，尷尬或困境，就在概念上被取消了。

遇到低潮時，要自己鼓勵自己

當我偶爾對人生失望，對自己過分關心的時候，我也會沮喪，也會悄悄地怨幾句老天爺，可是一想起自己已經有的一切，便馬上糾正自己的心情，不再怨歎，高高興興地活下去。不但如此，我也喜歡把快樂當成一種傳染病，每天將它感染給我所接觸的社會和人群。

——三毛

人生難免遇到低潮，當我們碰到低潮時，誰來拍拍我們的肩膀，給我們打氣呢？

事實上，當我們碰到低潮時，眞正能爲我們打氣的人寥寥無幾。或許你的老師、長輩會爲你打氣，但他們也不可能天天拍著你的肩膀。父母兄弟呢？他們當然疼愛你，但他們卻又是最有可能打擊你的人——很多父母看到陷入低潮的子女，不但沒有鼓舞，反而不斷責罵。很多兄弟也是如此。

當你碰到低潮時，要自己鼓勵自己！

我們並不否定別人的鼓勵作用，事實上，別人的鼓勵會讓你暫時走出無助，找到振臂一呼的感覺。可那股奮起的力量終究會曇花一現的。

千萬別乞求、期望得到別人的鼓勵，因爲那只會讓你像個可憐蟲，這種鼓勵帶有憐憫的意味。千萬別依靠別人的鼓勵來產生勇氣和力量，因爲你未來的路還會有許多坎坷，不是每一次你低潮的時候，都會有人來鼓勵你。

要學會自己鼓勵自己，讓勇氣和力量在自己心中油然而生。這樣，你內在的能量就好比開了泉孔，泉水自己源源湧出，任何時候、任何狀況，你都可自己取用。

遇到低潮時，你首先要有的就是「活下去」的決心，因爲這是「自己鼓勵自己」的先決條件。你要告訴你自己：我一定要走過這個低潮，我要做給別人看，向所有人證明我的強韌！我要爲自己爭一口氣，不要被別人看輕。

有了這樣堅定的信念，你便會振作排除萬難、盡其所能。當然生活中還會有挫折、沮喪和漫漫長夜的等待，只要你秉著一支希望的燭，播下辛勤的種子，人生便會收穫豐碩的果實。

你可以在牆上貼滿勵志標語，每天在固定的時間默念；你可以找個僻靜的地方，痛快地流淚；你可以拼命看成功人物的傳記；你可以借助運動來強化意志，忘卻沮喪。

當你遭遇心靈低谷的時候，仍要把頭抬起來，把腰板挺起來。堅強一點！挺一挺就過去了！

把眼光放遠一點，不要給自己製造混亂

人生最大的快樂不在於佔有什麼，而在於追求什麼的過程。

——本生

當你感到要開始怨怒的時候，立即停止它，捫心自問：「爲了這事眞的值得發怒嗎？」也許你該問問：「那個人值得我發脾氣嗎？」

今天多數人存在的問題，是他們的情緒太容易激動了——激情有餘而理智不足。

哈勒提醒我們：「任何一隻狗都有能力把一隻老鼠痛打一頓，不過有時牠卻不值得一打。」此話有理。你要冒遭解雇的危險去告訴你的老闆你對他的看法，這樣做值得嗎？這對你的妻兒有何益處？

把眼光放遠一點吧！當一段時間過去後，你會發覺根本不值得爲那些事動怒、沮喪，以致給生活帶來混亂。

善待挫折，挫折是人生道路上的基石

挫折只不過是湖中的一絲波紋！只要你堅持下去它總會消失！

——孫世賢

漫漫歲月，茫茫人海，生活道路上無不充滿坎坷，如生活困難，大學沒考上，升職無望，體質不佳，借貸無門，辦事受阻，無端受控等等天災人禍。不管你喜歡不喜歡，不管你願意不願意，挫折隨時都可能「翩翩而來」。

應該怎樣看待挫折，怎樣去面對挫折呢？

「自古英雄多磨難」，歷史上許多仁人志士在與挫折鬥爭中做出了不平凡的業績。司馬遷在遭受宮刑之後，發憤著書，寫出了被魯迅譽爲「史家之絕唱，無韻之離騷」的名著《史記》。音樂家貝多芬，一生遭遇的挫折是難以形容的。他17歲失去母親，20歲出現耳聾症狀。對一個音樂家來說，耳聾的打擊是多麼的大啊！可貝多芬不消沉、不氣餒，他在一封信中寫道：「我要扼住命運的咽喉，它妄想使我屈服，這絕對辦不到。」他始終頑強地生活，艱難地創作，成爲世界不朽的音樂家。

挫折雖給人帶來痛苦，但它往往可以磨練人的意志，激發人的鬥志；可以使人學會思考，調整行爲，以更佳的方式去實現自己的目的，成就輝煌的事業。科學家貝佛裏奇說：「人們最出色的工作往往是在處於逆境的情況下做出的。」因此可以說，挫折是造就人才的一種特殊環境。

當然，挫折並不能自發地造就人才，也不是所有經歷過挫折的人都能有所作爲。法國作家巴爾扎克說：「挫折就像一塊石頭，對於弱者來說是絆腳石，讓你怯步不前；而對於強者來說卻是墊腳石，使你站得更高。」

只有抱著崇高的生活目的，樹立崇高的人生理想，並自覺地在挫折中磨練，在挫折中奮起，在挫折中追求的人，才有希望成爲生活的強者。

增加自己的心理自由度

世界上最寬闊的東西是海洋，比海洋更寬闊的是天空，比天空更寬闊的是人的心靈。

——雨果

一個人儘管受環境的制約，但他在心理上是完全自由的。

首先，應懂得人的命運掌握在自己手中，現實中永遠有著機會和挑戰。認識到這一點是非常重要的，這意味著人往往是自己剝奪了自己的自由，要想戰勝因此而帶來的心理疾病，必須自己給自己增加自由，至少在認識上要做到。

其次，學會允許自己有點缺點。造成心理問題的原因固然很多，但不允許自己有缺點的完美主義觀點是根本的一條。事實上世間是不存在完人的。「人生最大的缺陷是人各有缺陷。」只有當一個人學會坦然地說「我錯了」、「這一點我不如你」的時候，他才可以放鬆自我，自由自在地表現自我、享受生活。

第三，不要怕使別人失望。害怕讓別人失望而壓抑自我的做法常常是造成心理問題的原因。事實上，一個人無論如何也滿足不了所有人的願望，更何況許多自認為「必須」、「應該」的事情也往往出自個人主觀的判斷。只要自己盡了力，所作所為合乎社會規範（法律、道德等），那麼就不必介意別人失望與否。

最後，還要允許矛盾感情同時存在。矛盾性的需求引起矛盾性的感情。正像任何事物都具有兩面性一樣，人的感情永遠具有兩極性，永遠不會統一。愛與恨、苦與樂、勇敢與懦弱、信任與懷疑總是結伴而行。一個人在心理上同時具有矛盾性的需求並不證明其人格的卑劣，承認這是人之常情就不至於徒增緊張，然後進行理智的抉擇，客觀的矛盾便會迎刃而解，心理的自由也會由此獲得。

敞開胸懷，拒絕狹隘

對具有高度自覺與深邃透徹的心靈的人來說，痛苦與煩惱是他必備的氣質。

——陀思妥耶夫斯基

有的人遇到一點點委屈或很小的得失便斤斤計較、耿耿於懷；有的學生聽到老師或家長一兩句批評的話就接受不了，甚至痛哭流涕；有的人對學習、生活中一點小小的失誤就認爲是莫大的失敗、挫折，長時間寢食不安；有的人人際交往面窄，追求少數朋友間的「哥們義氣」，只同與自己一致或不超過自己的人交往，容不下那些與自己意見有分歧或比自己強的人。

狹隘的人，不僅生活在一個狹窄的圈子裏，而且知識面也往往非常狹窄。

因此，開闊其視野很重要。如老師和家長多讓學生參加一些社會公益活動，參觀一些偉人、名人紀念館，聽英雄人物事蹟報告會等。這能使學生在親身經歷中感悟很多人生道理。豐富業餘文化生活，參加多種多樣的文娛、體育活動，拓寬興趣範圍，使自己時刻感受到生活、學習、工作中的新鮮刺激，感受到生活的美好，陶冶性情，從而在健康向上的氛圍中增強精神寄託，消除心理壓力。

狹隘的人其心胸、氣量、見識等都局限在一個狹小範圍內，不寬廣、不宏大。多與人接觸，使自己對不同的人有不同的認識，從而積累經驗，會從中明白許許多多對與錯的人生道理。

善於寬容是人的一種美德。對任何事都斤斤計較，一定是一個狹隘的人。受情緒、認識等的影響，這種人會產生一些盲動的行爲，甚至會導致難以預料的後果。

與人相處應熱情、直率，善於團結互助，融「小我」於「大我」之中。交往的增多，可加深彼此的了解與溝通，更透徹地了解別人與自己，開闊心胸。

自信、自立、自強是戰勝孤獨的三件法寶

一個勇敢而率眞的靈魂，能用自己的眼睛觀照，用自己的心去愛，用自己的理智去判斷；不做影子，而做人。

——羅曼．羅蘭

孤獨感乃是一種封閉心理的反映，是感到自身和外界隔絕或受到外界排斥所產生出來的孤伶苦悶的情感。

當你不能按照自己的意願或計畫行事；耽於夢想，而又不可能實現；內心有難言的羞恥；被排斥於你想加入的團體之外；被他人嘲笑或輕視；處處和他人意見不和而不能融洽自然地相處；不敢向他人吐露心事，因爲害怕會被人嘲笑，洩露自己的祕密，受人冷淡而得不到同情；對別人做的一切都不感興趣或不想去做；無聊空虛，不知該做什麼；怯於和他人交往或交談；覺得「沒人理解我」時，孤獨感就會悄然而至。

每個人在一生中都或多或少地體驗到孤獨感。有孤獨感並不可怕。但是這種心理得不到恰當的疏導或解脫而發展成習慣，就會變得性情孤僻古怪，嚴重的甚至有可能會變成孤

獨症。

要戰勝孤獨就要自信、自立、自強。

因爲自信，你就不一定非從他人那裏尋求對自己的肯定；因爲自立，你將漸漸具備獨立決斷的能力，這將使你從柔弱變得堅強；因爲自強，你將把更多的精力用在刻苦學習、努力拼搏上，而不是總在考慮孤獨這個問題——既然這個問題本就不容易想清楚，爲什麼不把它先擱置一邊？它並不是個大是大非的問題啊！

一旦你走向自信、自立、自強，你的心靈將從浮躁多變轉爲冷靜和積極，你將更善於控制情緒和思想。你會發現，父母家人將欣喜於你的成長，對你的「操心」將漸漸變爲「放心」；周圍的同事熟人會以佩服的眼光看著你，在許多方面徵求你的意見，願意做你的朋友。這樣，孤獨感還會存在嗎？

以積極的心態，面對可能出現的空虛

青年人的眼睛裡燃燒著火焰，老年人的眼睛裡放射出光芒。

——韋爾連

我們常說，生活是美好的，就看你以怎樣的態度去對待它。一樣的藍天白雲，一樣的高山大海，你可以積極地去從中感受到大自然的美麗；或者認認眞眞地學點本領，幫他人做點好事，也能對自己的成功頗感自豪，從他人的感謝中得到歡愉。當你用有意義的事去培養對生活的熱情，去塡補生活中的空白時，你哪還有心情和閒暇空虛呢？

有時候，人們生活在同一環境中，但由於心理素質不同，有人遇到一點挫折便偃旗息鼓而輕易爲空虛所困擾，有人卻能面對困難毫不畏縮而始終愉快充實。因此，以積極的心態面對自己可能出現的空虛心理，就能夠將空虛及時地消滅在萌芽狀態而不給它以進一步侵襲的機會。無論在什麼地方，做什麼事情，遇到什麼問題，都應該沉著冷靜，保持良好的心態，實事求是地應對一切。

人老了，退休了，還可奉獻餘熱；失業了，再求職，作爲人生拼搏的第二起點；工作受到挫折，投資失敗了，要吸取教訓，總結經驗，審時度勢，東山再起，將其視爲成功（起碼也是可以避免失敗）的「奠基石」。

總之，不要輕易灰心，不要馬上氣餒，要充實自我，要戰勝空虛，你就一定能迎來精神和事業上的光明。

學會放鬆自己，讓緊張不安的情緒順其自然

青春活潑的心，絕不作悲哀的留滯。
——冰心

由於生活節奏的加快，來自各方面的壓力越來越多，現代人的緊張情緒也與日俱增，這時如果極力想辦法去排解，只能是給自己外加一份壓力，但如果讓它順其自然，並使這一方法養成習慣，始終保持一種平和的心態，情況則會有很大的不同。

這樣以來，對於緊張不安的情緒疏導的最好辦法，就是讓它過去，順其自然，不要拼命控制，因爲情緒像潮水一樣，越堵越高，越控制越嚴重，同時，繼續做你應當做的事，一會兒緊張情緒就自然消失了。

例如，你在公共場合感到緊張，你可以在心裏對自己說：「緊張有什麼用？我不管它了，又能把我怎樣？」同時，帶著緊張情緒說你該說的話，關注說話的內容，不要關注自身的感受。

結果你會發現：沒什麼可怕的事情出現，雖然有些膽怯與心虛，但自己還是能戰勝自

己的，多次實踐之後，自信心就逐漸增強了，自己也不再爲見人、說話緊張而苦惱了，因爲你找到了治病良策。

失眠的人不要控制自己的思想，應放鬆自己，對自己說：「管它的，大不了我今天不睡覺了。」同時做深呼吸，放鬆自己的肢體，慢慢地你就會睡著了。

學會心平氣和

成功的法則應該是放鬆而不是緊張。放棄你的責任感，放鬆你的緊張感，把你的命運交付於更高的力量，眞正對命運的結果處之泰然。

——馬克斯威爾·馬爾茲

人的煩惱一半源於自己，即所謂畫地爲牢，作繭自縛。芸芸衆生，各有所長，各有所短。爭強好勝超過一定限度，往往受身外之物所累，失去做人的樂趣。只有承認自己某些方面不行，才能揚長避短，才能不因嫉妒之火吞滅心中的靈光。

讓自己放輕鬆，才能心平氣和地工作、生活。這種心境是充實自己的良好狀態。充實自己很重要，只有有準備的人，才能在機遇到來之時不留下失之交臂的遺憾。知白守黑，澹泊人生是耐住寂寞的良方。轟轟烈烈固然是進取的寫照，但成大器者，絕非熱中於功名利祿之輩。

古人與人爲善、修身立德的諄諄教誨警示世人，一個人惟膽量大、性格豁達方能縱橫馳騁，若糾纏於無謂雞蟲之爭，非但有失儒雅，反而終日鬱鬱寡歡，神魂不定。惟有對世事時時心平氣和、寬容大度，方能處處契機應緣、和諧圓滿。

如果一語不合，便遭打擊；一事唐突，便種下禍根；一個壞印象，便一輩子倒楣，這就說不上寬容，就會被人稱爲「母雞胸懷」。眞正的寬容，應該是能容人之短，又能容人之長。對才能超過者，也不嫉妒，惟求「青出於藍而勝於藍」，熱心舉賢，甘做人梯，這種精神將爲世人稱道。

改掉這樣的說話習慣

有一種人，他為了擺脱内心的激動狀態，自己常常需要說話並愛聽別人說話。

——西蒙諾夫

問問你身邊的人：「你們認為自己很會說話的，請舉手。」肯定沒有幾個人能理直氣壯地說自己「能言善道」。是呀，凡是有一定社會經驗的人都知道，說話容易，但是要把話說到位，非常困難。

說好話很難，難就難在說話太容易。這並不矛盾。恭維的話可以張嘴就來，罵人的話可以脫口而出，吹牛也用不著扣稅，實在自己一個人寂寞還可以自言自語。

但在這人聲鼎沸的世界裏，讓人專心聆聽你的聲音就不太容易了，再讓人為你的話而鼓掌喝彩更是難上加難。有時候使盡全力去喊未必讓人震驚，一聲歎息卻讓人心潮澎湃；洋洋灑灑的長篇大論常常有鼾聲相伴，平平淡淡的隻言片語，卻說不定能換來掌聲雷動。說話的確是一門學問。

而我們每天又離不開這張嘴，在家要和家人說，和鄰居說，上班要和同事講，又要向老闆彙報，和客戶應酬，只要有一言不愼，就可能造成一堆麻煩。例如——

不要說「我累壞了」，而要說「忙了一天，現在眞輕鬆」。

不要說「你們怎麼不自己想想辦法」，而要說「我們來看該怎麼辦」。

不要總是在集體或組織中抱怨不休，而要試著去讚揚每一個人。

不要說「天啊！爲什麼偏偏找上我」，而要說「神啊，考驗我吧」。

不要說「這個世界簡直就是亂七八糟」，而要說「我得先把自己收拾好」。

趕走沮喪和悲觀，讓自己春風滿面

只有信念才會使快樂眞實。

——蒙田

人們都經歷過一些小的失意，有人遇到這些失意時，覺得一切都不如人意，憂鬱不安，悲觀自憐，結果更加失意，以致失去了幸福和歡樂。正確思維應是尋找產生沮喪和悲觀心理的原因，一旦找到並能做出答覆，就可能幡然醒悟，得以解脫。

改變沮喪和悲觀心理的一個辦法是，避免老是看到自己的不足，而應突出自己的優勢，重視自己的優勢。隨著你有意的積極思維自然而然地增加，消極思維就自然地減少了。突出優勢的另一面是最大限度地削弱失敗的影響。儘管無法避免偶爾的失敗，但是你可以控制失敗對自己的影響。承認失敗是生活中的一部分，會使自己情緒好一些。過分強調失敗，只會降低自信，使自己處於沮喪之中。

在工作和家庭環境沒有改變的時候，「積極想像法」會使你對生活更樂觀。你可以想像自己做了一些想做的事後度過一段非常愉快美好的日子。要知道，任何事情在想像中都是可能的。當你打算參加某項活動而又心存恐懼時，就對自己說：「我能做好這件事，我比別人更善於控制自己的生活。」這種語言暗示法的好處是你對自己所說的話語往往能影響你的自我感覺，明顯改善沮喪情緒。

不妨照照鏡子，如果現在的你看起來有些沮喪的話，就對著鏡子笑一笑，讓自己春風滿面吧！

第二章

正向思考的好習慣

beautiful life

人與人之間的差別，一開始僅在於思考問題的方式不同。在你的心目當中你認為自己是什麼，常常你就是什麼。

生活中，會有相當一部分人，他們的期望就是追求一生平平淡淡。在他們看來，凡事都差不多就行啦。

他們隨遇而安，不求有功，但求無過。

他們認為槍打出頭鳥，退一步海闊天空等等。

假使這些觀念，日積月累下來變成他們的信念，這種對事物習慣性的看法，會最終決定他們面對事情時的態度選擇，積極、進取、努力等十之八九不會是他們的人生態度。

接下來，他們對待工作的行為就是差不多就行，對得起這份薪水就行。他們到點就下班，分外事他們不會主動去做，更不會多做。稍有挫折，立即自我安慰：成功是少數人的事。

生活中，也會有相當多的人，他們期望一定要成就一番事業。他們秉著「永爭第一」，「不做則已，要做就做到最好」，「付出皆有回報」，「不成功，便成仁」，「堅持到底，永不放棄」的積極態度。因為他們的期望強度足夠，這些觀念日積月累就會變成他們的信念，這些信念也最終會決定他們面對事情時積極進取，努力拼搏，精益求精，追求卓越。

這些人對待工作的行為，不是「差不多就行」。如果工作沒有做完，他們不會到點就下班，奉獻精神與主動意識會促使他們常做一些別人不願做的「邊際工作」與「分外事」。他們遭受挫折後，爬起來，再跌倒，再爬起來，直至成功。這就是他們的結果：一生終究成就一番事業。

試著衝出自己的思維定勢

寧可受苦而保持清醒，寧可忍受痛苦而思維，也勝似不進行思維。

——茨威格

想一想——換個角度來講，挫折和失敗，是對人意志、決心和勇氣的鍛鍊。

人一旦形成了思維定勢，就會習慣地順著定勢的思維思考問題，不願也不會轉個方向、換個角度想問題，這是很多人的一種愚頑的「難治之症」。

在生活的旅途中，我們總是經年累月地按照一種既定的模式運行，從未嘗試走別的路，這就容易衍生出消極厭世、疲遝乏味之感。所以，不換思路，生活也就乏味。

很多人走不出思維定勢，所以他們走不出宿命般的可悲結局；而一旦走出了思維定勢，也許可以看到許多別樣的人生風景，甚至可以創造新的奇蹟。因此，從舞劍可以悟到書法之道，從觀飛鳥可以造出飛機，從蝙蝠可以聯想到電波，從蘋果落地可悟出萬有引力——常爬山的應該去涉涉水，常跳高的應該去打打球，常划船的應該去駕駕車，常當官的應該去為民。

換個位置，換個角度，換個思路，也許我們面前是一番新的天地。

人是在經過了千錘百煉後才成熟起來的，重要的是吸取教訓，不犯或少犯重複性的錯誤。而不是多做多錯、少做少錯、不做不錯……

達亦不足貴，窮亦不足悲

人往往異想天開，竭力追求得不到的東西，幹辦不到的事。結果不是後悔，就是苦惱。

——謝德林

這是一個極具誘惑力的社會，這是一個欲望膨脹的年代，人們的心裏總是塞滿著欲望和奢求。追名逐利的現代人，總是奢求穿要品牌名牌，吃要山珍海味，住要山上別墅，行要寶馬賓士，一切都被欲望支配著。

偉大的作家托爾斯泰曾講過這樣一個故事：有一個人想得到一塊土地，地主就對他說：「清早，你從這裏往外跑，跑一段就插個旗杆，只要你在太陽落山前趕回來，插上旗杆的地都歸你。」那人就不要命地跑，太陽偏西了還不知足。太陽落山前，他是跑回來了，但人已精疲力竭，摔個跟頭就再沒起來。於是有人挖了個坑，就地埋了他。

牧師在給這個人做祈禱的時候說：「一個人要多少土地呢？就這麼大。」

人生的許多沮喪都是因爲你得不到想要的東西。其實，我們辛辛苦苦地奔波勞碌，最終的結局不都是只剩下埋葬我們身體的那點土地嗎？

伊索說得好：「許多人想得到更多的東西，卻把現在所擁有的也失去了。」這可以說是對得不償失最好的詮釋了。

古人云：「達亦不足貴，窮亦不足悲。」當年陶淵明荷鋤自種，嵇康樹下苦修，兩位雖爲貧寒之士，但他們能於利不趨，於色不近，於失不餒，於得不驕。這樣的生活，也不失爲人生的一種極高境界！

記住，你最大敵人就是你自己

我要緊緊扼住命運的咽喉。

——貝多芬

更多的時候，人們不是敗給外界，而是敗給自己。俗話說「哀莫大於心死」，絕望和悲觀是死亡的代名詞，只有挑戰自我、永不言敗者才是人生最大的贏家。

戰勝自己就是最大的勝利。與其說是戰勝了困難，不如說是戰勝了自己。工作不順利時，我們常常會找種種藉口，認爲是老闆故意刁難，把不可能完成的工作交給我們；認爲最近健康狀況欠佳，才導致效率不高等等——心裏想偷懶，卻把偷懶理由正當化，總認爲期限還有三天，明天、後天拼一下，今天不妨放鬆一下。

實際上，戰勝困難要比打敗自己相對容易，所以有人說：「我」是自己最大的敵人。戰勝自己靠的是信心，人有了信心就會產生力量。人與人之間，弱者與強者之間，成功與失敗之間最大的差異就在於意志力量的差異。人一旦有了意志的力量，就能戰勝自身的各種弱點。

游泳健將張健用50個小時橫渡渤海海峽成功了，成爲世界上第一個連續游泳超過一百公里的人。然而，在這成功的背後，卻曾經隱藏著失敗的危機，張健他在游至中程時，也曾有過放棄的想法。

前幾年報導說，世界上著名的游泳健將弗洛倫絲·查德威克，在第一次從卡得林那島游向加里福尼亞海灣時，見前面大霧茫茫，便放棄了挑戰，而此時距岸僅一海哩。很顯然，他並不是不具備能力，而是在心理上放棄了。

正確認識順境與逆境

不因幸運而固步自封，不因厄運而一蹶不振。眞正的強者，善於從順境中找到陰影，從逆境中找到光亮，時時校準自己的目標。

——易卜生

我們應當看到，不幸是生活的組成部分，但它僅僅是生活的一小部分。在我們的整個生活中，還有那麼多的歡樂和幸福的事情，我們爲什麼不去注意它們，而要對自己的一些創痛念念不忘呢？有的人在厄運襲來時，就覺得自己是天底下最倒楣的人。其實，事情並不完全是這樣。也許你在某件事上是「倒楣」的，但你在其他方面可能依然很幸運。和那些更不幸者相比，你或許還是一個十分幸運的人。

我們還可以這樣認識順境和逆境：人們固然樂於接受順境，不歡迎逆境，但是，逆境也可以砥礪人生，增長人的才幹，使人通過破除障礙和不良情緒，而得到新的突破與發展，心理達到更高層次的平衡；而順境，則也可能使人懷安喪志，一事無成。

未雨綢繆，以防萬一

人的活動如果沒有理想的鼓舞，就會變得空虛而渺小。

——車爾尼雪夫斯基

伊索寓言裏有一則這樣的故事：有一隻野豬對著樹幹磨牠的獠牙，一隻狐狸見了，問牠爲什麼不躺下來休息享樂，而且現在沒看到獵人！

野豬回答說：等到獵人和獵狗出現時，再來磨牙就來不及啦！

這就是野豬的「危機意識」！

那麼，個人應如何把「危機意識」落實到日常生活中呢？

這可分成兩方面來談。

首先，應落實在心理上，也就是心理要隨時有接受、應付突發狀況的準備，這是「心理建設」。心理有準備，到時便不會慌了手腳。

其次是在生活中、工作上和人際關係方面要有以下的認識和準備：

1．人有旦夕禍福，如果有意外的變化，我的日子將怎麼過？要如何解決困難？

2．世上沒有「永久」的事，萬一失業了，怎麼辦？

3．人心會變，萬一最信賴的人，包括朋友、夥伴變心了，怎麼辦？

4．萬一健康有了問題，怎麼辦？

其實你要想的「萬一」並不只是上述幾樣，所有事你都要有「萬一——怎麼辦」的危機意識，未雨綢繆，預作準備。尤其是對關乎前程與一家人生活的事情，更應該有危機意識，隨時把「萬一」擺在心裏。人最怕的就是過安逸的日子！

不要給自己設置障礙

一個人應該活潑而守紀律，天真而不幼稚，勇敢而不魯莽，倔強而有原則，熱情而不衝動，樂觀而不盲目。

——馬克思

作家羅蘭女士說：「人人都有軟弱的時候，只看他有沒有方法使自己平安渡過這陣心緒上的低潮。假如你有力量，夠堅強，就會發現總有峰迴路轉的時候。」排解心中煩惱，平安渡過心理低潮的辦法很多，如痛哭一場、向親友傾訴，或外出遊玩，或加大工作量以求忘卻等等。另外你最好讓能給你提供積極情緒的人圍繞在你身邊。

你有沒有這種經驗：當你愉快地拿起一支花束之際，卻在幾秒鐘之內，螞蟻就會爬到你身上，原來這支花束藏有螞蟻，於是你迅速將之掃落或者只好放棄它。

如果你長時間與思想消極的人一起相處，也會發生類似的事情。你開始走進屋子時心情很輕鬆，可是過不了多久，你就會感覺到他們消極的思想，甚至還會和你的思想融爲一體。反過來說，積極的人也能讓你感受到他的積極思想，並能讓你變得積極起來。

如果我們把人生看做一條曲折的歷程，那麼道路上的障礙自然是越少越好。那些思想消極的人卻在你面前設下了不必要的障礙讓你去克服。只有越過他們的懷疑、異議和非難，你才能取得成功。

不要浪費時間和那些向你的信心潑冷水的人交往，他們只會打擊你追求目標的熱情，使你難以邁上通向成功的人生之路。另一方面，那些增強你的信心，給你鼓勵的人，往往能幫助你去實現自己的計畫和夢想。

明確你想要的，成為自己命運的主宰

人的一生可能燃燒也可能腐朽，我不能腐朽，我願意燃燒起來！

——奧斯特洛夫斯基

假設今天給你一次機會，讓你選擇五個你想要的事物，而且都能讓你夢想成眞，你第一個想要的是什麼？假如只要你選擇一個，你會做何選擇呢？假如生命危在旦夕，你人生最大的遺憾是什麼事情？沒有去做或者尚未完成？假如給你一次重生的機會，你最想做的事情是什麼？

如果發現了你最想要的，就把它馬上明確下來，明確就是力量。它會根植在你的思想意識裏，深深烙印在腦海中，讓潛意識幫助你達成所想要的一切。在這個世界上沒有什麼做不到的事情，只有想不到的事情，只要你能想到，下定決心去做，你就一定能得到。就如同那句老話，「不是它不存在，只是你沒有發現！」

每個人的內心都有一個屬於自己的小小宇宙，當我們有了某種決心，並且相信它會變爲事實時，我們小小宇宙裏的所有力量就會動起來，而把自己的決心推向能實現的方向。在不經意的某一天，你會發現，它眞的成爲現實了。回頭看一看，這些都是當初你自己的選擇，重要的是那種認爲自己行的念頭一直在支撐著你，從而改變並影響著你的行爲。

其實你還是你，這是你自己的選擇，也是你自己的能力，只是你將這種能力表現出來，就像將深深沉睡在地下的礦藏挖掘出來一樣，它本是屬於你的，關鍵在於你是否知道自己有，是否相信只有自己才是命運的決定者。

「忘我」不要「丟我」

要使理想的宮殿變成現實的宮殿，必須通過埋頭苦幹，不聲不響地勞動，一磚一瓦地去建造。

——高爾基

生活中你有沒有總是以「我」爲中心？和別人爭吵的時候，你是不是總認爲自己是對的，是不是不太願意接受別人的批評？當你遭遇挫折和失敗的時候，是不是總抱怨運氣差，老天對「我」不公平？

生活中關心自己、看重自己，這都沒錯，但任何事情都是過猶不及，太看重自己，則會讓人剛愎自用，讓人失去人生中許多有價值的東西，比如友誼、人格等。忘「我」可以讓天空一片清朗。好事不爭不搶，先人後我，這是一種忘「我」；困難面前，不推不讓，這也是一種忘「我」。

忘「我」之人，甘於做幕後英雄，甘於做無名英雄。

19世紀中葉，美國的實業家菲爾德率領工作人員用海底電纜把歐美兩個大陸連接了起來，爲此，他成爲美國當時最受尊敬的人，被譽爲「兩個世界的統一者」，可就是這樣的人，在舉行接通慶典時，卻堅持不上貴賓台，只遠遠地站在人群中觀看。

忘「我」之人，工作上不推不讓，能贏得上司與同事的贊同；利益上不爭不搶，能贏得一片寧靜；挫折中不卑不亢，能贏得最終成功；生活中不以「我」爲中心，能贏得美好人生。

忘「我」不是丟失「我」，不是沒有自我，不是一味地「讓」，也不是無原則地低頭後退。忘「我」是一種高風亮節，是一種修養，是一種美德。

想一想，吃虧有時是一種福氣

老實人從來不吃虧。寧叫錢吃虧，不叫人吃虧。

——約翰．克拉克

人，其實是一個很有趣的平衡系統。當你的付出超過你的回報時，你一定取得了某種心理優勢；反之，當你的獲得超過了你付出的勞動，甚至不勞而獲時，便會陷入某種心理劣勢。很多人拾金不昧，絕不是因爲跟錢有仇，而是因爲不願意被一時的貪欲搞壞了長久的心情。

一言以蔽之：人沒有無緣無故的得到，也不會無緣無故的失去。有時，你是用物質上的不合算換取精神上的超額快樂。也有時，看似占了金錢便宜，卻同時在不知不覺中透支了精神的快樂。所以我們老一輩的常說，吃虧是福，就是這樣一個道理。現實生活中，很多人以低調的姿態做著各種各樣的好事行善，在不同的程度上，他們當然就是我們常說的「聖人」。

吃虧是一種福氣，生命中吃點虧算什麼？吃了虧能換來非常難得的平和與安全，能換來身心的健康與快樂，吃虧又有什麼不值得的呢？況且，在吃虧後平和與安全的時期之內，我們可以重新調整我們的生命，並使它再度放射出絢麗的光芒。

藝術化自己的生命

人生最有趣的事情，就是送舊迎新，因爲人類最高的欲求，是在時時刻刻創造新的生活。

——蕭伯納

人生是一種藝術，是一種有著喜、怒、哀、樂的舞臺表演。每個人在自己的人生大舞臺上扮演何種角色，是笑臉還是哭臉，完全由自己選擇。選擇什麼樣的角色，便會有什麼樣的生活。

著名的英國女作家珍．奧斯丁曾經說過：「人生在世，還不是有時笑笑人家，有時給人家笑笑！」

如果你對生活微笑，那麼快樂便會成爲你生活的格調，你的生命中便會充滿幸福，你會感到生活的美好。生命的藝術在於取悅於人，在於令人賞心悅目，生命的意義和目的在於快樂。人類存在的總目標就是追求快樂和避免痛苦。

生命的藝術舞臺只有喜劇和悲劇兩種劇場，如果你選擇喜劇，恭喜你，你將贏得人生的大獎；如果你選擇悲劇，對不起，你將過早地被逐出「藝術」的殿堂。

如果你選擇喜劇，你就要笑對人生，即使生活中困難再多、壓力再大，也要以笑臉相待，而不能稍有不順便拉長臉，眉頭緊皺。當然，生活在這樣一種嘈雜、苦惱的時代，人時常會因生存的壓力而感到沮喪和低沉，即便如此，悲觀失望又有什麼用呢？只能搞壞自己的心情，卻於事無補。

承認事實

有時人們也痛恨阿諛奉承，但只痛恨阿諛奉承的方式而已。

——拉羅什夫科

有一個人，他的性情並不很開朗奔放，但他對待事情幾乎從不見有焦躁緊張的時候。

這並不是他好運亨通。細細觀察體會，我們發覺他有一些與眾不同的反應方式。

比如，他被小偷扒走了錢包，發現後歎息一聲，轉身便會問起剛才丟失的身分證、健保卡、駕照等等的補辦手續。一次，他去參加電視臺的知識大賽，闖過預賽、初賽，進入複賽，正揚揚得意，不料，卻收到了複賽被淘汰的通知書。他發了幾句牢騷。中午，卻興致勃勃又和同事打起橋牌來了。

這些，反映出他的一種很本能很根本的思維方式，那就是承認事實。事實一旦來臨，不管它多麼有悖於心願，也畢竟是事實。大部分人的心理會在此時產生波動抗拒，但豁達者，他的興奮點會迅速地繞過這種無益的心理衝突區域，馬上轉到下面該做什麼的思路上去了。

事後，人們也的確會發現，發生的不可再改變，不如做些彌補的事情後立刻轉向，而不讓這些事在情緒的波紋中擴大它的陰影。這堪稱是一種最大的心理力量。

進行創造性思考

創造者才是眞正的享受者。

——福爾克

首先，讓我們清除掉一些有關創造性思考的含義的共同性謬誤。因爲某些不合邏輯的原因，科學、工程、藝術被標記爲惟一的眞正的創造性追求。大多數人僅將某些東西，如電話的發明或小兒痲痺症疫苗的研製，文學創作或發明彩色電視機等，與創造性思考聯繫在一起。

毫無疑問，這些成就理所當然是創造性思考的見證。如在征服太空的過程中每往前走一步都是創造性思考的結果。這樣的事例舉不勝舉。然而，創造性思考並不只局限於這些行業，也不是僅局限於某些超級聰明的人。

那麼，到底什麼是創造性思考呢？

一個低收入家庭制定計劃要送他們的兒子去上第一流的大學，這就是創造性思考。

一個家庭將髒亂不堪的社區變成漂亮乾淨的景點，這就是創造性思考。

一個牧師擬定計劃，使星期天晚上的聽眾一下子增加了兩倍，這就是創造性思考。想方設法簡化會計記賬，向不可能的客戶銷售產品，有創意地讓小孩在家有事可做，讓員工真正熱愛他們的工作，或者預防「某些爭吵」——所有這些都是實實在在的、每天的創造性思考的例子。

創造性思維就是找出新的、可改善的方法去做事情。各種各樣的成功——在家庭中成功、在工作上成功、在社區中成功——都是基於是否找出新的方法，將事情做得更好而實現的。

經常給自己的人生算一算賬

有一點缺陷有一點遺憾的人生，是有味道的人生。有一點怪異有一點風險的命運，是有意思的命運。

——愛默生

人的一生到底有多長？有一首《蓮花落》的歌詞寫道：「人生七十古來稀，我今七十不爲奇，前十年幼小，後十年衰老，中間只有五十年，一半又在睡中過，算來僅有廿五年——」

它把短暫的人生「計算」得一清二楚了。

人生，有效時間，只有區區二十五年。

以上數字是我們國人得出來的，遠不精確，美國人就算得精細多了。

據美國《讀者文摘》載：一生以60歲爲標準，其中睡眠佔用20年，吃飯佔用6年，娛樂玩耍佔用8年，穿衣梳洗打扮佔用5年，行路旅遊堵車佔用5年，生病3年，打電話1年，上洗手間1年，閒談70天，擦鼻涕10天，剪腳手指甲10天——最後的時間爲剩餘10年，天哪，這數字足以驚呆成千上萬「寬宏大度」的豪爽漢子。

一位老人也在80歲生日時，算了一筆賬——

80×365=29200；（日）

29200×24=700800；（小時）

700800×60=42048000；（分）

42048000×60=2522880000。（秒）

人的一生如活80歲，就由這10位數的秒組成，而現在你已經提取了許多時間，在你生命庫存中也許只剩下九位數、八位數，甚至更少了。你能準確無誤地把自己過了幾位數說出來嗎？我們剩下的時間並不多，而要做的事卻多得數也數不清——我們很多人在買菜的時候、在消費的時候、在經營店鋪的時候，把賬算得很細，幾元幾角幾分，可人生也是經營，爲什麼我們不認眞地算一算人生這筆賬呢？

最大化自己的價值

生命的本身迫使我們建立價值；當我們建立起價值，生命本身才會通過我們的評價。

——尼采

世界上大多數平凡人都希望自己成爲不平凡的人。他們夢想成功，夢想才華獲得賞識，能力獲得肯定，擁有名譽、地位、財富。遺憾的是，眞正能做到的人，微乎其微。

那些成功的人幾乎都有一個共同的特徵：不論智商高低，也不論從事哪種行業、擔任何種職務，他們都能隨時保持積極進取的態度，十分看重自己的價值，對目標執著，並且絕對堅持到底。

除了音樂家、畫家、運動員依賴某些天賦的能力才有可能做出一番成就外，絕大多數人都是靠後天的訓練與努力獲得成功的。

一位知名的經濟學教授曾經引用三個經濟原則，對如何最大化自己的價值，做了十分貼切的比喻。

第一、是「比較利益原則」

他指出，正如一個國家選擇經濟發展策略一樣，每個人應該選擇自己最擅長的工作，做自己專長的事，才會愉快勝任。換句話說，你不必羨慕別人，你自己的專長對你才是最有利的，這就是經濟學強調的「比較利益」。

第二、是「機會成本原則」

一旦自己做了選擇之後，你就得放棄其他的選擇，兩者之間的取捨就反映出這一工作的機會成本，於是你必須全力以赴，增加對工作的認真度。

第三、是「效率原則」

工作的成果不在於你工作時間多長，而是在於成效的多少，附加值有多高。只有遵循「效率原則」，自己的努力才不會白費，才能得到適當的報償與鼓舞。

機會不是等待，如果你遲疑，它便會投入別人的懷抱，永遠棄你而去。

你不必看輕自己，你要相信你的能力是獨一無二的，你正在完成一件了不起的事，有朝一日，你眞的可以變得「很不平凡」。

腳踏實地是你在成長中不可或缺的。每個人在年輕時都會立志，有人想當科學家、發明家，有人想當大文豪，個個看起來志向遠大。年輕人難免都會「崇拜偶像」，希望找到自己學習的典型，但不是每個人都能當科學家、發明家、影歌星。培養一技之長，一步一步去累積自己的個人資源，最終才會如願以償。

該花的心血一定要投入，該有的過程一定要經過。人生充滿變數，一個人的成敗與否，不單看他的資質，還要看毅力。人應該要有夢想，否則就失去了奮鬥的目標與方向，但成功的條件必須日積月累地做好準備，你可以立志做大老闆，做大文學家，但絕對不要躺在那裏等待。

如果你從一開始就在做自己最擅長的事，在選擇中注重效率，在成長中把自己的價值最大化踏實地去做，最終會有所成就的。

學著對自己說，沒有不可能

所有堅韌不拔的努力遲早會取得報酬的。

——安格爾

只要用心，一切皆有可能。

只要你能不斷地突破自己已知的範圍，進入到未知的領域，不達目的誓不甘休，不斷地去尋找新的解決方法。

到底如何才能有效地突破呢？答案其實很簡單，就是一定讓自己開始去做一些過去沒有做過的事情、過去不敢做的事情！

如果你還在自己已知的範圍內、你熟悉的領域裏打轉的話，又怎麼能夠產生新的結果呢？別忘了——重複舊的行爲只能得到舊的結果！

以一件很有趣的事爲例：

在你快要下班的時候，你的老婆打來電話：「還記得今天是什麼日子嗎？」

這時，你才突然想起今天是自己的生日。

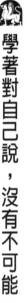

「我和孩子都爲你準備了豐盛的晚餐，讓我們一起過一個快樂的生日，請你早點回家。」

你聽了非常高興，下班後拎上公事包，興沖沖地開著車子趕回家。在回家的路口，交通又阻塞了，員警告訴你：「此路禁止通行！」那你怎麼辦呢？當然是換一條路繼續前進了。對不起，這條路也已被管制了，車輛禁止通行。

這時你會有三種選擇：第一，放棄回家，重回辦公室；第二，坐在一邊等待；第三，去找另一條路。如果你不放棄回家的話，如果你不放棄對幸福快樂的追求，你不會考慮第一和第二個選擇，你還會集中精力去尋找另一條回家的路。可是眞不走運，這條路又不能通行，那你可怎麼辦？

如果我們不放棄回家的念頭，我們就肯定還會再繼續找第二條路前進，如果第二條路剛巧因火災而封路我們就會去找第三條，如果第三條路也因淹水而封了，我們就會去找第四、第五和第六條路，直到回到家爲止。

如果「回家」是你人生的最大目標，你就會一直嘗試，不斷地去找方法。不管是爬回去，或挖個地道鑽過去，或者其他方法，你都不會說「算了，沒有辦法，我就不回家了。」因爲你知道，如果你不快點到家，你的另一半和孩子都在家中苦苦等待。

「沒有辦法」只是說我們已知範圍內的方法已經用盡，只要我們能夠不斷地去嘗試新的事物、新的機會、新的方法，不斷地去突破自我、改變自我，永遠都沒有「不可能」這個詞。

從今天開始，就將「不可能」這個詞從你的字典中抹去。沒有什麼不可能。不可能是安於現狀者的藉口，不可能絕非事實，而是觀點——你未成功前的一個錯誤的觀點。

在冒險中尋求改變

一個理性的動物，就應該有充分的果斷和勇氣，凡是自己應做的事，不應因裡面有危險就退縮；當他遇到突發的或恐怖的事情，也不應因恐怖而心裡慌張，身體發抖，以致不能行動，或者跑開來去躲避。

——洛克

你見過鴕鳥嗎？牠們不會去想飛向太陽，甚至連看也不看一眼。面臨危險時，牠們寧願把頭埋進沙堆裏。在我們周圍，也不乏和鴕鳥類似的人。

1．他們極少挖掘自己的潛力。

2．他們不大關心自己個性的成熟度和事業的未來展望。

3．他們討厭冒險。

4．他們對工作的態度有點得過且過，不負責任。

5．事情出了差錯時，他們寧可裝得一副事不關己，不想去了解錯在哪裡。

許多人走出校門後，便不再學習，知識積累到此為止。他們能擔任何種職務、與怎樣的人交往，多半就此定型，一生前途也就此決定。他們大都只求安逸度日，得過且過。這樣做，無異於鴕鳥偷安地埋首於掘好的沙穴之中。

不敢冒險的人，力圖在熟悉的格局中，小心翼翼地求生。在一成不變的生活方式中，他們毫無激情，只會感到厭倦無力、寂寞無聊，快速成長於他們無從談起。他們好像不清楚怎樣才能獲得成功，但確知怎樣避免失敗。安全是他們生命中的主要衡量標準。至於工作和生活的樂趣，已被減少到只要能維持生存即可。

生活中我們常為自己找遁詞。

「要是——」和「總有一天——」是兩句將毀滅你一生的口頭禪。

你若總是在說「要是我有經驗」、「要是我有高學歷」、「要是我沒生病」、「要是我及早想到……」諸如此類的話，那你將終不能成事。

每天生活在「總有一天我會——」的自我陶醉裏是毫無益處的。常聽到有人說「總有一天我會賺錢」、「總有一天我還是會升職」、「總有一天我會得到我想要的……」等等。

「總有一天」是一個永遠不會實現的幻想國度。

人生注定要充滿危險。出生危險，過街也危險，生命中危機重重——生病、意外、失業、破產等。然而，生命中也處處是可帶來歡樂的「冒險」——勇敢地去追求健康的體魄、美滿的婚姻、幸福的家庭、稱心如意的工作。

自限於安全與熟悉的牢籠，便會喪失享受樂趣的機會。惟有破除舊的思維格局，才能敞開心靈享受人生，否則便與行屍走肉相差無幾。危機是無所不在的，我們應該設法緩解和消除伴隨危機而來、不可避免的緊張和壓力。緊張和壓力雖然令人不適，但卻是人人都必須經歷的。

享受快速成長樂趣的關鍵之一，就是視冒險爲生活中的一部分，敢於磨練自己，能夠承受更多風險，並且能找出對付任何困難的方法。

爲了追求美滿人生，你一定要去冒一些險。只有擺脫冷漠與沉滯的枷鎖，才能享受成長的樂趣。不要效法鴕鳥，而要爲自己的前途善做抉擇，運用自己的智慧與力量去成長、去改變、去冒值得去冒的險。

跳出自己的心理高度

勇敢地使用你自己的理智吧，這就是啓蒙的格言，人的理性的公開使用應該經常是自由的。

——康得

有人曾經做過這樣一個實驗：他往一個玻璃杯裏放進一隻跳蚤，發現跳蚤立即輕易地跳了出來。又重複幾遍，結果還是一樣。根據測試，跳蚤跳的高度一般可達牠體長的400倍以上，於是跳蚤成爲動物界的跳高冠軍。

接下來實驗者再次把這隻跳蚤放進杯子裏，不過這次放進後立即在杯子上加一個玻璃蓋。跳蚤跳起來後重重地撞在玻璃蓋上。跳蚤十分困惑，但牠不會停下來，因爲跳蚤的生活方式就是「跳」。一次次跳起，一次次被撞，跳蚤開始變得「聰明」起來了，牠開始根據蓋子的高度來調整自己所跳的高度。後來，這隻跳蚤再也沒有撞擊到這個蓋子，而是在蓋子下面「自由」地跳動。

一天後，實驗者開始把這個蓋子輕輕拿掉，跳蚤不知道蓋子已經拿掉了，牠還在原來的這個高度繼續地跳。

三天以後，這隻跳蚤還在那裏跳。

一週以後，這隻可憐的跳蚤還是在那玻璃杯裏不停地跳著——其實牠已經無法跳出這個玻璃杯了。

現實生活中，有許多人也在過著這樣的「跳蚤人生」！

年輕時意氣風發，屢屢去嘗試做帶挑戰性的事，但往往事與願違。幾次失敗之後，他們開始不是抱怨這個世界的不公平，就是懷疑自己的能力。他們不是不惜一切代價去追求夢想，而是一再地降低自己的目標和標準。就像那個的「玻璃蓋」雖然被拿掉了，但他們早已經被撞怕了，不敢再跳，或者已習慣而不想再跳了。就這樣，人們往往因爲害怕去追求夢想，而甘願忍受失敗者的生活。

那麼，跳蚤還能跳出這個杯子嗎？

其實，要讓這隻跳蚤再次跳出這個玻璃杯的方法非常簡單，只需拿一根小棒子突然重重地敲一下杯子，或者拿一盞酒精燈在杯底加熱，當跳蚤熱得受不了的時候，牠就會一下跳了出去。

人有些時候就是這樣。很多人不敢去追求夢想，不是因為事實上追求不到，而是因為他們的心裏面已默認了一個「高度」。這個高度常常暗示他自己：成功是不可能的，他是沒有辦法做到的。

「心理高度」是人無法取得偉大成就的根本原因之一。

——要不要跳？

——能不能跳過這個高度？

——我能不能實現我的夢想？

這一切問題的答案，並不需要等到事實結果出現後才有答案，而只要看一看開始時每個人對這些問題是如何思考的，就已經知道答案了。

千萬不要自我設限，否則你很難取得成就。

讓自己再多試一次

在奔向目標的道路上堅持不懈、持之以恆，充分意識到自己的力量。

——杜思妥也夫斯基

冠軍永遠都是那些百折不撓、被打倒了還會再爬起來的人。一次、兩次不成，就再試幾次。能不能成功，全看你能否堅持到底。多數人沒有達到目標，原因就在於不能堅持。百折不撓的毅力，才是成功人生的必備條件。

堅持不懈不是要你永遠守著一件事不放，而是要全力以赴做好眼前的事——先求耕耘，再問收穫；渴求知識和進步；不辭辛勞地爭取新客戶；提早起床，隨時尋求提高效率的方法。天才未必就能富有，最聰明的人也不一定幸福，財富不是天上掉下來的。只有不斷地工作，並在工作中尋求突破，獲得較好的報酬，如此精神上、實質上都獲得了補償，才能奏效。

精神病的候診室裏坐滿了承受不起一時挫敗的人，如果繼續嘗試、堅定不移，他們還有希望告別痛苦。然而他們卻完全放棄了嘗試，即使是最輕微的挫折他們也怯於承受，總是擔心那會動搖了他們僅有的信心。

悲觀無能的人通常會自以爲是，還會變得固執。他們經常會滿懷歉意地說：「噢，這事我辦不到」或「這對我太難了」或「我不可能成爲這樣的人」。他們眞正的意思是，那不是我的責任，再說我也不具備那個能力，因此犯不著那麼辛苦地竭力奮鬥。

相反地，健全而快樂的人洞悉世情、自知甚深。他們了解人非聖賢、孰能無過。他們知道偶然的挫敗乃是人之常情。爲這樣的事過分自責，未免浪費精力，不如把寶貴的精力投注在下一次的進攻上。

怎樣思考就有怎樣的人生

凡是我不了解的現象，我總是勇敢地迎著它走上去，不讓它嚇倒。我高高地站在它的上面。人應當認定自己比獅子、老虎、猩猩高一等，比大自然中的萬物，甚至比他不能理解的，像是奇蹟的東西都高，要不然他就算不得人，只不過是一個見著樣樣東西都害怕的耗子罷了。

——契訶夫

凱撒大帝曾講過：「一個人的一生，會像那個人所期待的一樣。」

福勒是美國的一個黑人佃農七個孩子中的一個。他在5歲時開始勞動。在9歲以前，以趕騾子為生。但他的母親是一位敢於想像的女人，不肯接受這種僅夠糊口的生活。她時常同福勒談論她的夢想：

「我們不應該貧窮。我不願意聽到你說：我們的貧窮是上帝的意願。我們的貧窮不是由於上帝的緣故，而是因為你的父親從來就沒有產生過致富的願望。我們家庭中的任何人都沒有產生過出人頭地的想法。」

人應該有致富的憧憬。這個觀念在福勒的心靈深處刻下了深深的烙印，以至於改變了他整個的一生。他開始想走上致富之路，致富的願望就像火花一樣迸發出來，並且，他相信自己能夠致富。

後來，他不僅擁有一個肥皂公司而且在其它七個公司，包括四個化妝品公司、一個襪業貿易公司、一個標籤公司和一個報館都取得了控股權，實現了他強大的商業夢想。

福勒想致富，經過努力，最終成了富翁。這說明，你怎樣想像，你就有怎樣的人生。中國也有「往好裏想，就會有好結果；往壞裏想，就會有壞結果」之說。

美國的傳教士兼作家墨菲博士在其著作中強調說，「想像一些好事，好事便發生了；想像某些壞事，壞事便來臨了。」——這就是著名的「墨菲定律」。

敢於行動，不怕犯錯

勇者並不是蠻勇之謂：凡見義不爲爲非勇，欺凌弱小爲非勇，貪圖便宜、使乖取巧、自私自利爲非勇。

——郁達夫

儘管去做好了，別怕犯錯。其實，人的最大錯誤是——不敢犯錯。

小孩子玩遊戲的時候，總是喜歡變更規則、界限、角色和遊戲方式。他們花在翻新遊戲上的時間，甚至比實際遊戲的時間還多。而成人卻喜歡受人支配，喜歡千篇一律，不去創新改變規則。

競爭會造成限制。願意遵守那些固定的規則與觀念，你的思想就會受制於條條框框，使自己的創造力被封閉。

打破規則是一種突破性思考的方法，它會讓你更精準、有效地達成目標。

具有突破性思考特徵的人，他們和傳統的行業規則格格不入，對每件事都產生質疑，不喜歡墨守成規，偏愛自由灑脫。

運動場上很多選手創造佳績，都是因爲打破了傳統的比賽方法。如果你想改變習慣，嘗試新的挑戰，那就請你去突破規則，改變遊戲方法。

改變規則不難，關鍵在於你有沒有求變的決心。一般人遇到沒有把握的狀況常常會猶豫，因爲人最大的敵人是自己。通常情況下，你決定「變」還是「不變」的標準應該是：如果你從以前的經驗中找不到任何成功的例子，你就應該做最壞的打算——可以賠多少？只要賠得起你就應該去改變遊戲規則、求變創新。

有時，越是很多人擁護它，我們就越應該改變它。

絕大多數的人並沒有預見未來，他們只相信現在看到的，認爲現在已經做得很好了。其實過去的成就只需留下腳印，而不是讓我們感到自滿。如果你想改變卻遇到了阻力，別人不相信你，最好的方法就是你做給他看！

最大的風險是不敢冒險，最大的錯誤是不敢犯錯。大多數的人之所以不敢冒險不敢犯錯，就是因爲他們只相信看得見的事。對於那些他們還沒見到的事，他們習慣用經驗去分析，而經驗告訴他們的答案往往令他們不敢輕舉妄動。

那些成功的人通常具有一種特徵：喜歡做夢，而且不怕嘗試錯誤。他們相信，心中的夢是支撐他們勇往直前的力量，只有不怕犯錯，才能累積成功的資產。因爲有了夢想，所以他們對失敗與風險比較樂觀。而且，這些成功的人，通常是成功了兩次——他們在潛意識裏相信自己已經成功，然後他們眞的就成功了！

人的潛力，很多都是被後天的環境給困住的。很多的遊戲規則其實是我們自己定的，結果這些規則反而使我們喪失了創造力。工作、生活時沒有規則是不行的，但過於因循守舊、墨守成規也不行。適當的時候，要善於改變衆人遵循的遊戲規則。

生活其實就是一個不斷瞄準—射擊—再瞄準—再射擊的過程，如果誰拒絕犯錯，誰就永遠不會有進步。因爲犯錯，也是進步的一種過程。

確立人生目標，不要漫無目的地生活

人生的道路雖然漫長，但緊要處常常只有幾步，特別是當人年輕的時候。我愛人生，所以我願像一個狂信者那樣投身到生命的海裡去。

——柳青

古人云：「有志者事竟成也。」所謂志，就是指一個人爲自己確立的「遠大志向」，確立的人生目標。就像人生中找到了燈塔，如果失去了它，就會迷失前進的方向。確立人生目標，是一個能讓我們以籌備的繁忙來代替對現實的不滿和抱怨的好方法。目標對於人生，正像空氣對於生命一樣，沒有空氣，生命就不能夠存在，沒有目標，等待人生的就只有失敗與徘徊。

曾有三名瓦工，在炎炎烈日下同樣辛苦地建造一堵牆。

一個行人問他們：「你們在幹什麼？」

「我在砌牆。」一人答道。

「我幹一小時活，掙5元工錢。」第二個瓦工答道。

行路人又稍向前走了幾步，來到第三個瓦工面前，提出相同的問題，第三個瓦工仰望著天空，以富有幻想的表情凝視著遠方，答道：「我正在修建一座大教堂。建造一座對本地區將產生巨大精神影響的、能夠與世長存的教堂。」

多年以後，起先的兩個瓦工庸庸碌碌、無甚作爲，還在砌牆，而第三個瓦工已成了一位享譽世界的建築工程師。

不要為了明天，丟了今天

拋棄今天的人，不會有明天；而昨天，不過是行雲流水。

——約翰·洛克

有一個人，他總是在迫不及待地「奔向未來」。

譬如，約好了下班去喝一杯，他所談論的第一件事就是，該去哪兒吃晚飯；到了晚飯的時候，他又急急忙忙地吃完最後的甜食，趕奔一家電影院；在電影院，最後一個鏡頭才剛剛出現，他就已經站起來準備走了；回家的車裏，他又在做明天、下星期、下個月的計畫。

他從來都不是生活在此時、此地。因此，也就不能享受生活。

其實，生活有它自己的時間表。生養一個孩子要十個月，而養育成人要近二十年，要很長時間才能造就出一名小提琴好手或是芭蕾舞者。取得成功需要時間——而要成爲一個成功的人則需要更長的時間。

人世間的任何狀況猶如江河中的流水那樣，每時每刻都在發生著各種變化。然而，有許多現代人仍然不知道把握今天，不珍惜展現在眼前的珍貴機緣，卻又憂心自己的未來將會如何如何。其實時間並不能像金錢一樣讓人們隨意儲存起來，以備不時之需，人們所能使用的只有被給予的那一瞬間，也就是今天和現在。

自我反省

中年的妙趣在於相當的認識人生，認識自己，從而做自己所能做的事，享受自己所能享受的生活。

——梁實秋

人是隨著時間而成長的，不僅形體如此，思維習慣也是如此。十年前也許你認爲金錢萬能，只要有了錢就算是擁有了世界。五年前你可能認爲惟有事業成功，這一生才算是沒有白過。現在呢？或許你會覺得惟有心境愉快才是生命的最終意義。

不管這十年來的改變如何，也不管改變是正面還是負面的，你都得反省反省。因爲至少你知道自己是個什麼樣的人，也會了解爲什麼會有這樣的變化。

大多數人就是因爲缺乏自省習慣，不曉得自己這些年以來的轉變，才會看不清楚自己的本質。而一個不曉得自身變化的人，就無法由過去的演變經驗來思考自己的未來，當然只能過一天算一天。

一個人如果能隨時反覆詰問自己過去的轉變，就可以找出以往看待事物的觀點是對還是錯，若是正確，則往後當然可以繼續以此眼光去面對這個世界，萬一是錯的，也可以加以修正。如此，則可以幫助你往後以正確的習慣去看待周遭的事物。

有空時多想想吧！因爲良好的習慣有益於健康。

另外，反省自己時，還要保持樂觀情緒。俗話說，「笑一笑，十年少」。樂觀的情緒不僅能使你顯示青春活力，還將有助於增強機體免疫力，免受疾病的侵襲。

在快節奏的都市生活中，人們會面臨種種壓力，勇敢地面對現實，把壓力當作是一種挑戰將更有利於人的身心健康。

1．學會原諒，才能拋棄怨恨　懷有怨恨心理的人情緒波動較大，不是整天抱怨，就是後悔；不是對人懷有敵意，就是自暴自棄。這樣容易產生心理障礙。所以，平時應學會拋棄怨恨，要原諒別人，更要原諒自己。要熱愛生活。當一個人患病時，熱愛生活的人會多方聽取醫生的意見，積極配合治療，並能消除緊張情緒。

2．富有幽默感　有人稱幽默是「特效緊張消除法」，是健康人格的重要標誌。許多健康的事業成功者，都具有幽默感。

3．善於宣洩感情　不善於用語言來表達自己的憂傷或難過等感情的人容易患病，而壓抑憤怒對機體也同樣有害，更不能用酗酒、縱欲等不健康的生活方式來逃避現實。傷心的人痛哭一場，或與知心朋友談談心，或參加程度劇烈的體育運動後，常會感到心情舒暢，這就是宣洩感情的意義。

4．學會反省，還要擁有愛心　擁有愛心，除了愛別人也會更愛自己，如此不僅會使世界變得更美好，而且會更有助於自己的身心健康。樂於助人還可使你廣交朋友，這不僅是人生的一大樂事，還會使人更長壽。

突破傳統思考

推陳出新是我無上的訣竅。

——莎士比亞

對那些對創造性個人成功訓練有興趣的人來說，傳統思考是他們的頭號敵人。傳統思考往往凍結你的心靈，阻止你的進步，使你不能開發你的創造性能力。這裏有三種方法與之進行腦力激盪。

1．廣納新想法　歡迎新主意，驅除那些排斥性的思維：「不會有效」，「不可能做到」，「這沒有用」，以及「這太愚蠢了」等。

一位很成功的人士在一家保險公司擔任重要職務，他說：「我不敢說我是這個行業最聰明的人，但是我認爲我是保險行業最能吸收他人優點的人。我盡我所能地吸收所有的好主意，並將它看成是一件重要的事情。」

2．做一個敢於試驗的人　打破固有的傳統，經常去新咖啡館，閱讀新書，去參加登山隊，結交新朋友，每一天走不同的路去上班，每年去不同的地方度假，週末進行一些新的、不同平常的活動。

如果你是做物流配送工作的，就要開發培養你對生產、財務、金融及其他商業領域的興趣。這有利於開闊你的視野，讓你將來能夠承擔更大的責任。

3．凡事向前看，不要往後看　不要「我們以前就是這樣做的，我們現在也應該這麼做」，而要「我們怎樣才能夠比我們以前做得更好」；不要後退的、故步自封的思考，而是要往前的、不斷進步的思考。你年輕的時候，早上5點半就起床去送報紙或送羊奶，但這並不意味著你要求你的小孩效仿。

摒棄非理性的觀念

所謂獨創的能力，就是經過深思的模仿。

——伏爾泰

心理學家威廉·詹姆斯說過：「地球上的芸芸衆生，惟有人才能改變他們自身的存在方式，惟有人才是命運的創造者，人類可以通過改變自身的內心世界而改變自身的外在世界，這就是我們時代最偉大的發現。」誠然，剔除觀念中的謬誤雖需要科學方法的指導和別人的幫助，但關鍵還是在於自身的努力。

只有通過調整人的思想，即對非理性的、非現實的思維提出疑問，才能給人帶來和諧的情感和協調的行爲。下列是三種生活中常見的「非理性觀念」：

一、我必須得到我生活圈裏的每一個人的認可，尤其是那些對我來說最重要的人的認可。實際情況是任何人都不可能被所有的人認可。如有這樣的觀念則會給自己帶來沉重的包袱。

二、危險或者可怕的事情隨時可能會出現，我必須經常地考慮和提防，做好最壞的準備。這種觀念如果長時間地持續，可能導致焦慮症。實際情況卻是：焦慮是有害無益的，應集中精力做好當前的事。

三、我應當依靠別人。這種依賴意識和自卑感，會使人一味地尋求「後臺」的庇護。讓他的一生都必須躲在大樹下，見不著陽光……理智的人應用自己的行動表明，每個人都要有擔當的一面，自己做準備，自己負責。

心理學研究表明，人的自我意識最容易沉湎於自己的一些既定感覺，並且不由自主地按照固定的思維模式重複、強調著自己。這種重複、強調雖然有助於形成一個具體的有特性的人，但它也僵化著一個人，使其難有新的視角，新的創造以及新的超越。

留意你的奇思妙想

一個新的想法是非常脆弱的，他可能被一聲恥笑或一個呵欠扼殺，可能被一句嘲諷刺中身亡，或者因某位權威人士皺一下眉便鬱鬱而終。

——查理斯．布勞爾

每年，一棵橡樹要產生足夠的果實才能成就一片樹林。而且，從這些大量的種子中或許只有一兩顆橡樹果實能夠最終長成橡樹。松鼠吃掉了大部分的果實，樹底下堅硬的土塊，也沒有給所剩無幾的種子太多的生長機會。

奇思妙想的成長過程也是如此。只有少數的想法最終會有成果。奇思妙想非常容易夭折。如果我們不保持警覺的話，松鼠們（消極思考的人）就會摧毀大部分的想法。想法從它出生之日起就需要特別的關照，直到它們變成實在的、可以被應用和改善的方法。可以用以下三種方式保護、開發你的奇思異想。

1．不要讓想法跑掉，將奇思異想記錄下來　每天都有很多好的想法「生下來」不久就夭折了，因爲它們沒有立刻被記錄在紙上。記憶馬上就會消逝，所以要隨身攜帶一個筆記本或一些小卡片，當你突然想到一個主意時，馬上將它記錄下來。

2．檢查你的想法　將這些想法儲存在一個常用的文檔中。文檔可以是一個精心設計的檔櫃，或是辦公桌的某一個抽屜，甚至是一個放鞋的盒子。但是，你必須建立一個檔案，然後定期地檢查你的「創意倉庫」。當檢查你的創意時，有些想法，因爲某種原因，或許再也沒有任何價值，將它們清除出文檔。然而，只要主意有任何潛在的價值，則將其保留。

3．培養和滋潤你的想法　現在，讓你的想法成長。認真思考你的想法，將相關的想法歸納在一起。閱讀一些你能夠找到的與你的想法相近的資料。審視各個角度。然後，當時機來臨時，將成熟的想法用於你自己，用於你的工作，用於你的未來。

別犯想當然的錯誤

盡可能少犯錯誤，這是人的準則；不犯錯誤，那是天使的夢想。塵世上的一切都是免不了錯誤的。錯誤猶如一種地心吸力。

——雨果

人最容易犯想當然的錯誤。許多認識上的錯誤，都是想當然造成的。他們想不到，貌似理所當然的事情的發展並不當然，更沒想到，世界上的事物一個條件可得出多種結果，一果亦可能多因，影響事物變化發展的，除了必然性還有偶然性。

有時候，某種現象在大多數情況下意味著某一事實，但造成這種現象的其他可能性並不能排除，人們常常形成某種錯覺，把各種可能看成一種可能。

造成想當然的一個重要原因是思維定勢。我們認識事物，總有一定的思維框架，這是以前經驗的沉澱。它常常使我們認識事物時有了一定的參考價值。它是有用的，但是，它又可能使我們用它來對照複雜的事物時陷入想當然的錯誤。所以我們在強調文化傳統對於我們思想觀念的塑造時，也要強調現實的要求這一重要因素。

要減少想當然的錯誤，需要時時提醒自己不要輕率下結論。從一個印象，兩三句交談中做出的判斷往往是想當然的。我們要時時對自己說：我的判斷充分嗎？我的結論符合事實嗎？有沒有新的事實來證明這個結論？

有個人欲轉職到一個公司了解情況，接待他的一位公司職員聽了來意後，就告訴他這裏的待遇不太好，工作也比較艱苦。他據此得出結論，他們怕新來的人能力比他們強才這麼說。其實並不排除那位職員實事求是的可能性。

如果根據想當然的推理，得出了某種結論，也要對該結論保持一定的警惕，要注意對情況進行反覆的分析，並儘量蒐集新的事實加以檢驗。要使自己的結論不犯錯誤，我們就應該對自己的判斷採取審視的態度。

持續地培養你的創造性思維

創造就是發明、做實驗、成長、冒險、破壞規則、犯錯誤以及娛樂。

——瑪麗·庫克

創造力來源於人腦，人腦不僅是貯存知識的場所，同時也是智力的源泉。要開發人腦的智力，必須重視培養合理的思考習慣。要培養創造思維的能力，就必須正確處理好下面幾個關係：

1．同異對比關係　要擺脫片面性，不妨採用同異對比法。要集思廣益，不要限制自己的視野，打開思路要用對比，看出異中之同，又找出同中之異。

2．面體延伸關係　思考問題，從點到面，又從面到體；既思前因，又想後果。擴大思維，不斷突破，才能產生新境界。要有目的、有條理、有步驟、有秩序地從多方面來擴大創造思路。

3．積效結合關係　創造思維要有明確目的，偉大的目的才能產生堅強的毅力。把準確的目的提在首位，一是解決動力，二是解決焦點，突出帶有根本性的東西，同那些可有可無的東西區別開來。

4．舊新演變關係　你在創造思維的過程中，如果找不出好方法，要敢於棄舊迎新，舊的要揚棄，新的要鑒別。可採用兩種方法：一是對熟悉的個別事物，有意識地把它看成陌生，按照新的方法去解決。二是對陌生的個別事物，有意識地把它看成熟悉，按照已知的方法解決。要創造，就必須「推陳出新」。

沒有人能夠預知你的未來

我們要以信心充實自己，就像我們每天以食物充實自己一樣。

——馬爾茲

不少在其從事的工作到達巔峰並取得舉世矚目的成就的人，都曾經有過一段被別人貶斥的經歷。例如，被人家認定：「你根本不行」、「你能有什麼才能？」、「得了吧，做下去有什麼結果？」等等，備嘗打擊的苦澀。假如他們接受別人的這種評估而放棄努力，那絕不會擁有燦爛的成功光環。但是，他們面對這樣那樣的貶低毫不動搖，始終堅定不移地向著既定目標努力。在苦難中奮力向前跋涉，終於走向了成功。

即使是對於一個卓越超群的人，也沒有誰能夠憑藉火眼金睛斷言他將來是否會成功。所以，不必在意周圍人的閒言碎語，你只要沿著自己認定的道路全力向前挺進，那麼在道路的盡頭，成功正等待你。

人在痛苦、絕望的邊緣，根本不會想到自己將來會走向成功、走向幸福。但是，即使是在最惡劣的處境中，成功與幸福的可能性依舊深深地、靜謐地隱藏在你的體內。

一個人，如果可以明白自己將來要成名於天下的話，那麼，眼前任何沉重的苦難他都能忍受。遺憾的是，任何領域裏任何傑出的人物，都不能夠完全預知自己的未來或者自己獲取成功的才能。

因此，如果有一天你感到「絕望啊！」、「徹底完了！」、「我是這世上多餘的一個人！」、「再走下去，只有死路一條！」等等，那麼千萬不要灰心喪氣，不要消沉，不要墮落。

你在思考著如何放棄的時候，你的體內依然孕育著未來成功與幸福的種子。請你務必牢牢地記住這一點。

學會獨處，並給自己思考的時間

人生的第一件大事是發現自己，因此人們需要不時孤獨和沉思。

——南森

面對龐雜的生活、工作，時常讓自己有時間獨處一會，對你和你的生活非常有益。獨處之時，你可以把腦海中各種想法全釋放出來，冥想白天令人憤怒時的情景，在冥想的寧靜之中經過加工的憤怒與煩惱，再次返回大腦的記憶時，已不帶有任何感情色彩，不會對我們形成傷害，也不會帶來壓力。

日本的美樂達照相機公司專門爲員工們設有一間「靜坐沉思室」，裏面就擺放著一張桌子、一把椅子。此室不受外界電話、信件、人和事等諸多因素的干擾，既可以讓員工思考過錯，也可以讓員工充分發揮想像力，產生靈感，有助於公司的管理與生產。即使有員工在裏面睡上一小覺，公司也不會阻攔，因爲在他們看來，這樣可以讓員工恢復體力和精力，有利於更好地工作，同樣對公司有利。

「降魔者先降其心，心伏則群魔退聽；馭橫者先馭其氣，氣平則外横不侵。」

一切煩惱與不快皆來自於心，只有心靜才能降伏一切魔道。寧靜可以致遠，獨處時的寧靜，能讓人放鬆身心，提高分析問題的能力。

莊子曾經說過：「其嗜欲深者，其天機淺。」大意是說如果一味沉溺於感官享受，人的智慧則會很淺薄。

的確，自古以來，智者都是能夠適應獨處之人。只有獨處才會沉澱下來，才能讓人大澈大悟，才能具有大智大慧，更好地領悟人生的眞諦。

獨處時可以讓人充分感受寧靜祥和，忘卻爭鬥與煩惱，如同走出喧鬧的都市進入萬籟俱寂的曠野一般，讓人心曠神怡。此時獨坐一室，於清茶中品味人生，則生命的目的因此明晰——在書中品味生活，則生活更加多姿多彩；讀書是讓人一輩子可以不斷充實的活力泉源。

第三章

beautiful life

健康生活的好習慣

首先，人的健康與情緒有密切關係。高興、愉快、歡樂、喜悅、輕鬆、欣慰、悲傷、害怕、恐懼、不安、緊張、苦惱、憂鬱等都屬於情緒活動。

每個人的情緒，都會有波動的，應該主動擺脫不良情緒。當有什麼事使你煩惱的時候，應當暢所欲言，不要悶在心裏。當事情不順利時，不妨避開一下生活環境，可能會使精神得到鬆弛。如果要辦的事情較多，應該先做最迫切的事，把全部精力投入其中，一次只做一件，把其餘的事暫時擱在一邊。

如果你感到自我煩惱，試著幫助他人做些事情，你會發現，這將使你的煩惱轉化為振作，產生一種做了好事的愉快感。

一個人的情緒，主要受精神意志控制。保持愉快穩定的情緒，要提高道德修養，要樹立遠大國際社會保持健康的心理狀態，還要學會適應外部條件的變化，養成排解不良情緒的好習慣。

其次，體育鍛鍊是保持身體健康的關鍵。體育鍛鍊不僅可增強人的體魄，還可消除人心中的憂鬱，養成體育鍛鍊的好習慣，一方面可使注意力集中到活動中去，轉移和減輕原來的精神壓力和消極情結另一方面還可以加速血液循環，加深肺部呼吸，使緊張情結得到鬆弛。

因此，我們應該適度的運動，讓自覺運用情結克服消極情結，養成真正能保持我們身體健康的好習慣。

保持身體健康，培養自己的活力

沒有什麼比健康更快樂了，雖然他們在生病之前並不曾覺得那是最大的快樂。

——柏拉圖

你要經常注意自己是否活力充沛，因爲一切情緒都來自於你的身體，如果你覺得有些情緒溢出常軌，那就趕緊檢查一下身體吧。你的呼吸怎樣？當我們覺得壓力很重時，呼吸就會很不順暢，這樣就慢慢把活力耗竭了。如果你希望有個健康的身體，那就得好好學習正確的呼吸方法。

另外一個保持活力的方法，就是要維持身體足夠的精力。怎樣才能做到這一點呢？我們都知道每天的身體活動都會消耗掉我們的精力，因而我們需要適度休息，以補充失去的精力。請問你一天睡幾個小時呢？如果你一般都得睡上8～10個小時的話，很可能有些多了，根據研究調查，大部分的人一天睡6～7個小時就足夠了。

還有一個跟大家看法相反的發現，就是靜坐並不能保存精力，這也就是爲什麼坐著也會覺得疲倦的原因。要想有精力，我們就必須「動」才行。

研究發現，我們越是運動就越能產生精力，因爲這樣才能使大量的氧氣進入身體，使所有的器官都活動起來，所以有人說：「要活，就要動。」惟有身體健康才能產生活力，有活力才能讓我們應付生活中各種各樣的問題。由此可知，我們一定要好好培養出活力，這樣才能控制生活裏的各樣情緒。

改善自己的睡眠

沒有健康，一切喜悅都將無從談起。

——蓋伊

要想改善自己的睡眠，首先要養成良好的睡眠習慣，注意生活有規律。晚飯不宜過飽，臨睡前不要進食，不飲用具有興奮作用的飲料，不要進行大運動量的體育鍛鍊，不聽節奏感太強的音樂或刺激性影視、戲劇等等，不睡覺時儘量不進入臥室，沒有睡意時不上床。有些人害怕失眠而提早就寢或由於失眠而導致晚起，均是不可取的。

要認識到睡眠是一個自然過程，是生理現象，是由生理時鐘決定的本能現象，人爲的努力不但無法奏效，而且越是爲入睡焦慮，大腦皮層越興奮，越難以入睡。要知道爲入睡而做出的種種努力，往往會收到完全相反的效果。每當你下決心不睡，希望能熬個通宵時，卻偏又睡意綿綿。

所以，人應該順從自然，不要強迫自己趕快入睡。應採取能睡多久便睡多久，躺著就是休息的態度。人體會自動調整所需的睡眠時間，假如不去考慮睡著睡不著的問題，自然就會較快地入睡。

堅持體育鍛鍊

> 健康的乞丐比有病的國王幸福。
>
> ——叔本華

人體帶有一定量的電荷，電荷量的多少與運動有關，運動少的人電荷特別強。帶有強電荷的人常常感到神經緊張，有的出現類似神經質的症狀。研究發現，長期體育鍛鍊的人能減少電荷，使人消除疲勞，緩解精神緊張，而精力充沛。體育鍛鍊還能刺激腦下垂體，使之釋放5-羥色胺物質，有助人們酣睡。

體育運動是人類自然性的一個重要表現，只要我們承認自己有自然性，就必須鍛鍊身體。在工作了一段時間之後，有些人休息只是靜處而不動，其實這是錯誤的，我們必須讓身體進行鍛鍊，如同讓饑餓的身體補充養料。

現代人的生活節奏越來越快，工作壓力越來越大，而鍛鍊的時間越來越少，我們的體質也越來越下降，儘管我們的身體看起來還是很健康，但其實是處於一種亞健康狀態。因爲我們的心臟越來越脆弱，血液濃度越來越高，血脂越來越高，膽固醇越來越高，疾病隨時就會侵襲我們的身軀。因此，我們應該時時注意科學的鍛鍊，使身體保持健康的狀態。

用歡笑健身

健康和愉快相輔相成。

——愛迪生

一個人情緒的好壞直接影響到他的工作、生活和身體健康。從醫學上來看，笑是心理和生理健康的反應，是精神愉快的表現。

笑能消除神經和精神的緊張，使大腦皮質得到休息，使肌肉放鬆。特別是在一天緊張勞動之後或工間休息時，說個笑話，聽段相聲，看一部喜劇，讓大腦皮質出現愉快的興奮灶，有利於消除疲勞，增進健康。

話說有位老師爲了讓學生明白訓練健壯的體格是多麼地重要，便說了一則關於一個勇敢的男子，每天在吃早餐前都要先游過一條寬廣的河流，而且要游三次的故事。

有個女學生聽了竟不由得笑了出來。

「妳笑什麼啊！」老師一臉不高興地說：「這事有那麼可笑嗎？我一點都不覺得可笑呢。」

「可是，老師……」那個女學生回答：「那個男子爲什麼不游第四次，回到自己放衣服的那邊去呢？」

笑對呼吸系統有良好的作用，隨著朗朗笑聲，胸脯起伏，肺葉擴張，呼吸肌肉也跟著活動，好比一套歡笑呼吸操。同時，哈哈大笑還能產生「出汗、淚湧和涕零」之效果，起到促進汗液分泌，清除呼吸道和淚腺分泌物的作用。

笑是一種最有效的「消化劑」，愉快的心情能增加消化液的分泌，歡聲笑語可促進消化道的活動，使人食欲大增。

笑還具有祛病保健、抗老延年的意義。偉大的生理學家巴甫洛夫認爲：「愉快可以使你對生命的每一跳動，對生活的每一印象都易於感受，不管軀體和精神上的愉快都是如此，可以使身體發展、身體強健。」

美國出版的《笑有益於血液——幽默的醫療作用》一書中列舉了笑能治療多種疾病的科學道理，指出：笑能緩解頸部肌肉的緊張度，所以對頭痛病特別有效。著名化學家法拉第因用腦過度，年老時經常頭痛，他對症下「樂」地經常去看喜劇，被逗得大笑不已，最終頭痛病不藥而癒。

控制自己的情緒

生活的悲劇不在於人們受到多少苦，而在於人們錯過了什麼。

——卡萊爾

任何人遇上災難，情緒都會受到影響，這時一定要操縱好情緒的轉換器。面對無法改變的不幸或無能爲力的事，就抬起頭來，對天大喊：「這沒有什麼了不起，它不可能打敗我。」或者聳聳肩，默默地告訴自己：「忘掉它吧，這一切都會過去！」

緊接著就要往頭腦裏補充新東西，因爲頭腦每時每刻都需要東西補充，這種補充就能使情緒「轉換器」發生積極作用。最好的辦法是用繁忙的工作去補充、去轉換，也可以通過參加有興趣的活動去補充、去轉換。如果這時有新的思想、新的意識突發出來，那就是最佳的補充和最佳的轉換。

物理學家普朗克，在研究量子理論的時候，妻子去世，兩個女兒先後死於難產，兒子又不幸死於戰爭。普朗克不願在怨痛中度過，便用加倍努力工作來轉移自己內心巨大的悲痛。情緒的轉換不但使他減少了痛苦，還促使他發現了基本量子，提出量子假說，獲得諾貝爾物理學獎。所以，控制好自己的情緒，才能解救自己。

戒掉不良習慣

習慣形成性格，性格決定命運。

——約．凱恩斯

要是戒掉壞習慣很容易的話，那些減肥的產業就不會如此紅火了。無庸贅述戒掉壞習慣之難，正如羅馬不是一天建成的，與壞習慣說再見同樣也要花好幾個月時間。當你放棄的時候，要採取適當的策略來抑制由此造成的強迫性衝動，並避免故態復萌。

壞習慣很難戒除掉，而且它跟隨你的時間越長，相應的你就越難把它戒除掉，所以不要猛然停止原來的行爲。心理學家Bregita Martin對此做出如下解釋：雖然突然停下原有行爲方式和習慣的方法有時會奏效，但是這只是針對少數人。對大多數人而言，逐步戒除原來生活習慣的方式更爲合適，也更有效。

如果你一天要抽很多煙，或是喝許多啤酒，試試看一天沒有它們的感覺怎麼樣。沒有這些東西滲入你的生活，感覺如何呢？食物嘗起來是什麼味道？生活中沒有煙和酒的影響是什麼感覺？

你想要停止咬指甲、不去打斷別人的談話、不開快車嗎？忍住一天不要做這些事，要求你身邊的每一個人幫助你加強決心，以便把注意力放在想改進的行爲上。觀察你自己，但是不要下判斷。把這一天變成一個小小的但是很有意義的開始。在往後的日子，如能有效堅持，對你的健康當然大有裨益。

掌握讓自己幸福的祕訣

能把自己生命的終點和起點連接起來的人，是最幸福的人。

——歌德

幸福意味著生活在一種「沉醉」的狀態中。有研究者通過對生活得輕鬆而幸福的人的研究，總結了在生活中令自己幸福的祕訣。只要我們認眞掌握這些祕訣，在日常生活中經常用這些祕訣提醒自己，你的生活便會比以往幸福很多。

祕訣之一——不抱怨生活　幸福的人並不比其他人擁有更多的幸福，而是因爲他們對待生活和困難的態度不同，他們從不問「爲什麼」，而是問「爲的是什麼」，他們不會在

「老天爺，你爲什麼對我如此不公平」的問題上做過長時間的糾纏，而是努力去想解決問題的方法。

祕訣之二——不貪圖安逸　幸福的人總是離開讓自己感到安逸的生活環境，幸福有時是離開了安逸生活才會積累出的感覺。從來不求改變的人自然缺乏豐富的生活經驗，也就很難感受到幸福。

祕訣之三——感受友情　廣交朋友並不一定帶來幸福感，而一段深厚的友誼才能讓你感到幸福。友誼所衍生的歸屬感和團結精神讓人感到被信任和充實，幸福的人幾乎都擁有團結人的天賦。

祕訣之四——勤奮工作　專注於某一項活動能夠刺激人體內特有的一種荷爾蒙的分泌，它能讓人處於一種愉悅的狀態。研究者發現，工作能發掘人的潛能，讓人感到被需要和責任，這給予人充實感。

祕訣之五——降低負面影響　少接收一些有關災難、謀殺、令人覺得噁心或其它的負面消息，這樣，無形中就保持了對世界的一份美好樂觀的態度。

祕訣之六——生活有理想　幸福的人總是不斷地爲自己樹立一些目標，通常我們會重視短期目標而輕視長期目標，而長期目標的實現更能給我們帶來幸福感受。你可以把你的目標寫下來，讓自己清楚地知道爲什麼而活。

祕訣之七——給自己動力　通常人們只有通過快樂和有趣的事情才能夠擁有輕鬆的心情，但是幸福的人能從恐懼和憤怒中獲得動力，他們不會因困難而感到沮喪。

祕訣之八——規律的生活　幸福的人從不把生活弄得一團糟，至少在思想上是條理清晰的，這有助於保持輕鬆的生活態度，他們會將一切收拾得有條不紊。整齊而有序的生活讓人感到自信，也更容易感到滿足和快樂。

祕訣之九——珍惜時間　幸福的人很少體會到被時間牽著鼻子走的感覺。另外，專注還能使身體提高預防疾病的能力，因爲，每30分鐘大腦會有意識地花90秒蒐集資訊，感受外部環境，檢查呼吸系統的狀況以及身體各器官的活動。

祕訣之十——心存感激　抱怨的人把精力全集中在對生活的不滿，根本就不懂得感激。而幸福的人把注意力集中在能令他們開心的事情上，所以，他們更多地感受到生命中美好的一面。因爲對生活的這份感激，所以他們才感到幸福。

早晨起床要喝些水

健康是自然所能給我們準備的最公平最珍貴的禮物。

——蒙田

早晨起床後要喝些水（不要冰水，常溫即可），補充一定量的水分，是人體生理代謝的需要，又是防病健身的有效措施。有很多人早晨起床後沒有喝水的習慣，這不符合養生保健的要求，應該改正。

人在夜間睡眠中會損失大量水分，主要是呼吸、皮膚和便溺失水，使水的代謝入不敷出，可引起全身各組織器官和衆多的細胞供水不足。人體有70％是水分，缺了水會使人感到不適。夜間失水，組織體液量減少，血液也會因缺少水而濃縮，流量減少，流速減慢。清早起床後喝水，既是對缺水的一次有效補償，又是一種體內液體的淨化，猶如雪中送炭、旱苗逢雨。因爲清晨人的胃內已全部排空，水可沖刷胃壁上的一切殘渣，使病菌無處藏身，最終將其全部排除體外。

因此說，清晨喝水對人體是一項極其科學的養生保健措施。

清晨人體補充水，是防止心臟血管病的有利措施。補水後水通過胃入腸，80%的水分由小腸吸收入血液，使血液得到稀釋和淨化，降低了血液的黏稠度，可有效地防止心腦血管疾病患者清晨因血液濃縮發生意外。

據調查，上午八、九點鐘是心腦血管病發病的高峰，有50%～60%的患者與由於沒有及時補充水分而使血液濃縮有關。

晨起喝水還可以稀釋尿液，增加排尿量。人體積蓄了一夜的代謝產物，如果沒有足夠的水分就不易被排出，會在人體內貯存過久，這些有害廢物即可成爲機體慢性中毒的來源。如果早晨起來及時喝水，促進排尿，即可帶出廢物、淨化血液，減少疾病的發生，尤其可預防泌尿系統感染和結石的形成。

總之，早上起床後喝水，好處多多！

養成積極應對壓力的習慣

良好的習慣，是人在他的神經系統中所儲蓄的資本不斷在增值，而人在其整個一生中就享受著它的利息。

——烏申斯基

我們每個人都生活在一定的環境中，與環境時時刻刻發生著關係。當環境對我們的刺激超過一般水準時，我們就會出現壓力反應，這種壓力反應一般來講是肌體能夠承受、對健康沒有損害的，也是人體必須面對的正常情況。

但如果一個人長期處於緊張應激狀態下，或者外來緊張刺激過於突然、強烈，以至超過了個體的適應和應付能力，便會形成一個重要的致病因素，危及個人的身心健康，這已成爲現代社會影響人們健康的不可忽視的重要因素。因此，人們面對壓力，面對緊張刺激，應採取一種旨在消除這種負面影響、維護和增進健康的應付方式——坦然面對、積極應付。

坦然面對、積極應付是一種在主體身上發展起來的、針對緊張刺激可能出現結果的一種積極反應。同時也是在現實生活中培養起來的、針對可能的對生命和健康產生的威脅的一種預見力，即「不打無準備之仗」，在這種「準備」之下去應付刺激和壓力，並引導自己去努力消除這些刺激和壓力的負面影響。

積極應付可以使人在應付壓力成功後表現出較高的滿足感、輕鬆感和達到目的感。當人們再次處於類似的情景下時，在主觀上就不會有緊張的表現，客觀上也查不出緊張的反應。積極應付主要通過預知、回饋和控制三個環節來實現。

培養積極應付的行爲方式有以下幾個要點：第一，注意接受多種刺激；第二，接受科學的教育；第三，努力提高個人的基本素質。

每天堅持步行一會兒

我們當盡力維護健康，只有健康方能綻出憐憫的花朵。

——叔本華

步行，也就是通常所說的散步，但又與散步有一點區別。這種步行有一定的步幅、速度和距離要求，既不同於散步，又不同於慢跑，簡便易行，效果顯著，被認爲是中老年人和體弱者的一種最適宜的健身養生方法。

在國外，它已成爲增強心血管系統功能和心肌梗塞症康復醫療的重要手段之一。許多心臟病患者就是從「走」開始通向健康道路的。

目前步行的方式一般分爲四大類：競技步行（體育的競走）、普通步行、負重步行以及醫療步行。運動醫學專家研究發現，大步疾走，即快走是最好的有氧運動，健身效果最好。它的步行速度一般認爲應是——每分鐘一百三十三公尺（約每小時7公里），心率達到最大心率的70％。

步行是一種積極性休息的良好方式。美國著名心臟病學家懷特說：「輕快的步行（至有疲勞感），如同其他形式的運動一樣，是治療情緒緊張的一服理想的鎮靜劑。」

每天應至少步行一小時作爲保持心臟健康的一種手段。如果以每分鐘平均走100步（中速）計算，步行一小時可走六千步。運動醫學博士賴維說：「輕快散步20分鐘，就可將心率提高70％，其效果正好與慢跑相同。」

維持固定的起床時間

總以某種固定方式行事，人便能養成習慣。

——亞里斯多德

清晨，一天中最美好的時刻，陽光穿過落地玻璃窗照到床上，我們「一覺睡到自然醒」緩緩睜開雙眼，神清氣爽。這是理想中的畫面，而事實上我們離這個理想似乎越來越遙遠——每天早晨都是被鬧鐘吵醒，在沒睡夠的痛苦掙扎中捱到「最後時間」，才不得不艱難起床，然後昏昏沉沉地開始這一天。

睡足自己所需的時間，是趕走賴床最基本有效的方法。如果你做不到在固定時間上床，那就試試每天定時起床。這樣堅持幾天，你會發現每天上床的時間也在悄悄地提前。六個星期之內，實際的睡眠節奏就會與你的生理節奏相符，身體建立了一套新的睡眠、起床模式，你到了固定的時間就有睡意，清晨起床也會清醒得多。

不過，有兩點要注意：一是剛開始這樣做的時候，千萬不要睡回籠覺，以免讓生理時鐘更混亂。二是週末也別放鬆，繼續保持這樣的節奏。如果週末熬夜，隔日起來已近中午，剛建立的節奏又要推倒重來。如果週末一定要熬夜，最好還是固定時間起床，中午再補覺。

週末假日也應維持固定的起床時間，避免日夜節奏混亂。上床時間也儘量固定；不過若因有事未完成而心有掛念無法入睡，則可以先將事情做完再上床睡覺，而隔天仍於固定的時間起床。需注意的是如果長期工作時間過長導致每天睡眠量過少，也會有入睡困擾；此時解決之道反而是需調整白天的工作量，以使夜晚能提前上床安心睡覺。

戒掉吸煙的不良習慣

不良的習慣會隨時阻礙你走向成名、獲利和享樂的路上去。

——莎士比亞

吸煙只有壞處，而沒有一絲的好處，是一種極其不好的習慣，不僅危害身邊的人，更對自己的身體健康有著極大威脅。

吸煙者吸煙的過程是煙草在不完全燃燒中發生的一系列化學反應的過程。香煙燃燒時放出的煙霧中92%爲氣體，主要有氮、二氧化碳、一氧化碳、氰化氫類、揮發性亞硝胺、煙類、氨、揮發性硫化物、腈類、酚類、醛類等，另外8%爲顆粒物，主要有煙焦油和尼古丁。吸煙時大約有10%的煙霧進入體內，經氣管、支氣管到達肺部，一小部分可進入消化道。進入體內的有害物質最終進入血液循環，引起各系統、組織、器官發生病變，其嚴重程度取決於開始吸煙的年齡、吸煙量的多少以及持續吸煙時間的長短。

香煙煙霧中含有大量的致癌物和促癌物，而這些危險的煙霧大多數都被那些無辜的被動吸煙者吸入了體內，長期吸入這樣的有害煙霧，可導致肺癌、喉癌、咽癌、口腔癌、食道癌、腎癌、膀胱癌等。乾熱的煙霧長期刺激呼吸道引起阻塞性肺通氣功能障礙，是造成慢性支氣管炎和肺氣腫的主要原因。吸煙也是冠心病、動脈粥樣硬化的主要致病因素。

此外，吸煙可引起消化性潰瘍、視力下降、視神經萎縮以及女性月經紊亂、痛經和男子陽痿、早洩甚至不育等。青少年由於肌體各組織、器官還未發育完善，吸煙將對其產生更加嚴重的後果。

面對電腦的危害，增強自我保護意識

我們要能工作，要有幸福，必須先有健康。——洛克

英國一項辦公室電磁波研究證實，電腦螢幕發出的低頻輻射與磁場，會導致7～19種病症，包括眼睛癢、頸背痛、短暫失去記憶、暴躁及抑鬱等。對女性還易造成生殖機能及胚胎發育異常。

電腦對人的健康有這麼多傷害，而我們又不得不使用電腦，那麼，我們應該如何把這種傷害降到最低呢？

1．注意工作環境　電腦室內光線要適宜，不可過亮或過暗，避免光線直接照射在螢幕上而產生干擾光線，工作室要保持通風乾爽，使那些有害氣體儘快排出，儘量用非擊打式印表機減少噪音等等。

2．注意保護視力　要避免長時間連續操作電腦，眼睛與螢幕的距離應在40～50公分，使雙眼平視或輕度向下注視螢幕，這樣可使頸部肌肉輕鬆，並使眼球暴露於空氣中的

面積減小到最低。如果出現眼睛乾澀、發紅、有灼熱或異感，眼皮沉重，看東西模糊，甚至出現眼球脹痛或頭痛，那就需要到醫院看眼科醫生了。

3．注意補充營養 電腦操作者在螢幕前工作時間過長，視網膜上的視紫紅質會被消耗掉，而視紫紅質主要由維生素A合成。因此，電腦操作者應多吃些胡蘿蔔、白菜、豆芽、豆腐、紅棗、橘子以及牛奶、雞蛋、動物肝臟、瘦肉等食物，以補充人體內維生素A和蛋白質。多飲些茶，茶葉中的茶多酚等活性物質，會有利於吸收與抵抗放射性物質。

保持心情平靜

一個人最嚴重的錯誤是，爲追求利益而犧牲健康。

——叔本華

《世界衛生組織憲章》開宗明義地指出：「健康不僅是沒有疾病和病態，而且是一種個體在身體上、精神上和社會適應上健全安好的狀態。」

心理學專家認爲，所謂心理健康，是指對於環境及相互關係具有高效而愉快的適應。

心理健康的人，能保持平靜的情緒、敏銳的智慧、適應社會環境的行爲和氣質。

心理學家和健康專家爲心理健康所定的標準有如下六條：

1．對現實的正確認識　看問題能持客觀的態度。

2．自知、自尊與自我接納，能正確地評價自己　不過分地顯示自己也不刻意地取悅別人，既接納自己的優點也接納自己的缺點。一個人如果連自己都不喜歡，又怎樣談得上喜歡別人。

3．自我調控的能力　能調節自己的行爲，既能克制自己的衝動，又能調動自己的身心力量，在實踐中實現自己的更高目標。

4．與他人建立親密關係的能力　關心他人，善於合作，不爲了滿足自己的需要而苛求於人，這種人有知心的朋友，有親密的家。而心理不健康的人，人際關係緊張，處處利用他人，以達到自己的目的。

5．人格結構的穩定與協調　這種穩定與協調包括對理想與現實差距的調適，以及認知與情感的協調。

6．生活熱情與工作效率　人人都會有苦惱，但心理健康的人能從生活與工作中的每個環節去尋得快樂。

不要老生悶氣

憂愁、顧慮和悲觀，可以使人得病；積極、愉快和堅強的意志及樂觀的情緒，可以戰勝疾病，更可以使人強壯和長壽。

——巴甫洛夫

有氣不發，強憋在心裏，如同把自己關在一個黑漆漆的房間裏。比如一對夫妻，因爲一點雞毛蒜皮的小事鬥氣，誰也不服輸，不先開口，各自守著自己的陣地。於是不僅對各自的身心健康造成了損害，還使相互的關係日趨惡化、日益緊張，隔閡加深，相互間的感情受到徹底傷害，甚至會招致嚴重的後果。

這種「氣」被醫學界稱爲悶氣，悶氣對身體危害很大。因爲，生氣對健康的危害程度主要取決於氣的強度和持續時間的長短。悶氣憋在心裏，不向外發洩，一般持續時間均較長。這種不良情緒壓在心頭不消散，可導致食不甘味、睡不坦然，機體的抗病力隨之下降，而有損於健康。

同時，氣憋在心裏，常是越憋越重，甚至達到難以承受的程度。這時再驟然發洩，如同山洪暴發，即大發雷霆，稱之爲盛怒，而盛怒則會對身心造成更大的傷害。

一個人如果有老愛生悶氣的習慣，應該馬上改過來，否則到最後不僅身邊的人不敢惹你，連照鏡子你都會討厭自己。

選擇適合自己的運動方式

器官得不到鍛鍊，如同器官過度緊張一樣，都是極其有害的。

——康得

一般人往往根據自己的興趣選擇運動方式，結果並不適合自己，而造成更大的傷害。健康專家認爲，不同人群應該根據自身特點，選擇不同的運動方式，即所謂的「運動處方」。

量體裁衣制定「運動處方」，首先需要到醫院體檢，確定自己屬於哪類人群。第二步是通過蹬車、上階梯等耐力運動，做一次肌體功能評定。最後請醫生按個體差異，爲自己設計一個「運動處方」，確定合適的強度。

「運動處方」要求循序漸進地進行持續、緩慢、長時間、有耐力性的運動，並將心律、血壓、呼吸頻率等資料記錄在案，定期去醫院進行複查，修改「運動處方」使之趨於完善。如果運動後肌肉疼痛感持續兩三天仍未恢復正常，說明關節、肌肉承受的力量已經超過負荷，應該減少運動量。通常情況下，每天運動時間不應少於30分鐘。

對於年過40歲，或有心臟病、高血壓或糖尿病等家族病史者，在從事規律且持續的運動計畫前，尤其應該先由醫生評估其健康情形與體能水準，來選擇合適的「運動處方」。若任何部位曾有或現有疼痛、拉傷、扭傷、肌腱炎與肌肉僵硬或發炎等問題，都要經醫生檢查後建議屬於個人的「運動處方」，才能避免運動後疼痛加劇，甚至可以通過正確的運動逐漸減緩疼痛，達到復健訓練的效果。

時刻保持樂觀的情緒

一種美好的心情，比十服良藥更能解除生理上的疲憊和痛楚。

——馬克思

一個人要想保持樂觀，就首先要從世界觀的培養上下功夫，站得高，看得遠，凡事從大處著眼，不因一時一事的挫折而煩惱。

培養胸懷寬廣、氣量豁達的開朗性格。開朗的性格能夠調暢情志，保持情緒正常、氣血流暢，這些都有利於對中樞神經的調節，有益於身心健康。

時刻保持樂觀的情緒。笑是樂觀情緒的表達方式，而樂觀的情緒能調動肌體的潛力，影響內分泌的變化，消除對健康有害的神經緊張感，增強肌體的抗病能力。樂觀的情緒可使腎上腺分泌增加，血糖增高，碳水化合物代謝加速，肌肉活動能力加強，這些都是促進人體健康的必要因素。

想要時刻保持樂觀的情緒，就應該進行自我訓練。

1．利用鏡子技巧，使你臉上露出一個很開心的笑臉來，挺起胸膛，深吸一口氣，然後唱一小段歌，如果不能唱，就吹口哨，若是你不會吹口哨，就哼哼歌，記住自己快樂的表情。

2．多參加有益的文藝、體育活動。培養活潑進取、開朗、積極參與的生活態度，在平凡穩定的生活中創造追求的源泉，譜寫快樂的人生。

3．假如得了病，告訴自己人生不以絕對時間長短論好壞，而以品質論高低。快樂地過一天比煩惱地過一年都有意義。

4．用歡樂促進人際關係，講幾段笑話或找一些有趣的小品來讀。

5．堅持微笑待人，俗話說：笑一笑，十年少。笑可以使肺部擴張，促進血液循環，重要的是，笑臉的人抬頭望去，都會看到笑臉。

6．學習運用幽默。幽默是能在生活中發現快樂的特殊的情緒表現，可以從容應付許多令人不快、煩惱甚至痛苦、悲哀的事情。

7．對環境和他人不要提出不切實際的非分要求，告訴自己快樂是自我滿足。

8．當別人試圖激怒你時，你可以自我暗示：「我才不會傻到跟這種人計較，不理他的話，他不就像條瘋狗了嗎？哈！哈！」

9．制定座右銘。每當緊張出現時，想想自己的座右銘，如「忍耐就必須先學會冷靜！」然後進行自我放鬆。

10．忘卻不愉快的經歷和事情。培養廣泛興趣，既可充實生活，保持心情愉快，也可以作爲化解緊張情緒的手段。

自信滿懷

只有滿懷自信的人，才能在任何地方都懷有自信，沉浸在生活中，並認識自己的意志。

——高爾基

自信是一個人對自己積極的感受，是覺得自己有能力、有價值，自己看重自己的一種「個人物質」。自信的人自然會表現出活潑的生氣、樂觀的情緒、輕鬆自如的神態。無論處於什麼境遇，只要保持自信就不會陷入沉重的抑鬱和強烈的焦慮之中。自信是保持情緒健康的必備品質。

心理學專家認爲：自信一方面來自於自身的實力和清醒的自我意識，另一方面，自信又能加強自身的實力，使自我實現登上新的高度。

自信之人會使自己的生活總是處在戰勝命運、克服障礙、品味生活的最佳境地，這樣的人生充滿挑戰和快樂，同時讓自己心智健康、身體健康、活力無限。

想建立起自信，你可以經常在生活中這樣練習：

1．挑前面的位子坐　大部分佔據後排座的人，都希望自己不會「太顯眼」。而他們怕受人注目的原因就是缺乏信心。坐在前面能建立信心。把它當作一個規則試試看，從現在開始就儘量往前坐。當然，坐前面會比較顯眼，但要記住，有關成功的一切——都是顯眼的。

2．練習正視別人　不正視別人通常意味著：在你旁邊我感到很自卑；我感到不如你；我怕你。躲避別人的眼神意味著：我有罪惡感；我做了或想到什麼我不希望你知道的事；我怕一接觸你的眼神，你就會看穿我。這都是一些不好的資訊。正視別人等於告訴你：我很誠實，而且光明正大。我相信我告訴你的話是真的，毫不心虛。

3．把你走路的速度加快25%　你若仔細觀察就會發現，身體的動作是心靈活動的結果。那些遭受打擊、被排斥的人，走路都拖拖拉拉，完全沒有自信心。另一種人則表現出超凡的信心，走起路來比一般人快，像跑。他們的步伐告訴整個世界：「我要到一個重要的地方，去做很重要的事情，更重要的是，我會在15分鐘內成功。」使用這種「走快25%」的技術，抬頭挺胸走快一點，你就會感到自信心在滋長。

4．練習當眾發言　不論是參加什麼性質的會議，每次都要主動發言，也許是評論，也許是建議或提問題，都不要有例外。而且，不要最後才發言。要做破冰船，第一個打破沉默。也不要擔心你會顯得很愚蠢。不會的，因爲總會有人同意你的見解。

5・開懷大笑 大部分人都知道笑能給自己很實際的推動力，它是醫治信心不足的良藥。但是仍有許多人不相信這一套，因爲在他們恐懼時，從不試著笑一下。眞正的笑不但能治癒自己的不良情緒，還能馬上化解別人的敵對情緒。如果你眞誠地向一個人展顏微笑，他實在無法再對你生氣。

男人花兩千塊錢買了一套潛水用具。他潛到五十公尺下的海底，看見了不可思議的景色說：「這些景色眞是值得投資兩千元哪！我從來沒有這麼快樂過！」

男人又往下潛了五十公尺，看到了更漂亮的景色。

就在這個時候，他看到了一個只穿著普通短褲的男子。於是，他取出水中專用紙，用水中專用筆寫道：「我投資了兩千元買了這一套潛水用具，而你只穿著一條泳褲就潛到這裡來了。你是怎麼做到的呢？」

穿普通短褲的男人拿過紙和筆寫道：

「笨蛋！我是不小心掉下來的呀！」

不苛求別人也不苛求自己

只有勇敢的人才懂得如何寬容；懦夫絕不會寬容，這不是他的本性。

——斯特恩

生活中，一個人對自己對別人能夠保持適度的寬容，對於改善人際關係和身心健康都是有益的，它可以有效防止事態擴大和矛盾加劇，避免產生嚴重後果。大量事實證明，不會寬容別人，亦會殃及自身。

過於苛求別人或苛求自己的人，必定處於緊張的心理狀態之中。由於內心的矛盾衝突或情緒危機難於解脫，極易導致肌體內分泌功能失調，使兒茶酚胺類物質——腎上腺素、去甲腎上腺素過量分泌，引起體內一系列劣性生理化學改變，造成血壓升高、心跳加快、消化液分泌減少、胃腸功能紊亂等等，並可伴有頭昏腦脹、失眠多夢、乏力倦怠、食欲不振、心煩意亂等徵候。

緊張心理的刺激會影響內分泌功能，而內分泌功能的改變又會反過來增加人的緊張心理，形成惡性循環，貽害身心健康。有的過激者甚至失去理智，釀成禍端，造成嚴重後果。而一旦寬恕別人，心理上便會經過一次巨大的轉變和淨化過程，使人際關係出現新的轉機，諸多憂慮煩悶可得以避免或消除。

保持快樂的心態

真正的快樂是內在的，它只有在人類的心靈裡才能發現。
——布雷默

醫生們都有這樣的經驗：勝利者的傷口，總是要比失敗者的傷口好得快；沒有精神負擔的病人，要比有精神負擔的痊癒得快。一個人患病之後，如果充滿信心，具有毫不懼怕、敢於同疾病作鬥爭的精神，則能加速康復，在治療過程中，用藥量小即可，或不藥而癒。反之，若意志消沉，情緒沮喪，則無力驅邪，病後纏綿不癒，或致惡化，且多產生併發症。

常言說得好，心病還得心藥治。快樂是通往心靈安詳的要道。樂觀精神是自療心病的無形妙藥。醫學家們認爲，樂觀、開朗、愉快、喜悅的情緒，能增強大腦皮層的功能和整個神經系統的張力，促使皮質激素與腦啡肽類物質的分泌，使肌體抗病能力大大增強，並能極大地活躍體內的免疫系統，從而有利於防病治病。這也就是說，用樂觀的精神取代不良情緒，對人體健康十分重要；同時也說明，除了快樂的情緒可以悅心而外，沒有一種藥劑是可以通心的。

一個人活不到應有的壽命，大都是自己的過錯。如果你是一個樂觀者，你一生中最後的幾年將成爲你最快樂的歲月。一個精神充實、生活充滿快樂的人必然是一個心理健康的人，心理健康即是生理健康的重要保證，也是人類健康的重要標準。

珍視自己的健康，不超負荷工作

強健的身體和活潑的精神是個人生趣的根源，工作的利器。

——楊賢江

生活中，人人都會說「身體是革命的本錢」，可實際上，有多少人爲了名爲了利爲了自己的理想和追求，把身體健康拋在了腦後；又有多少人為了取得某方面的成功而不惜用自己的身體做賭注。

美國歷史上最胖的好萊塢影星利奧．羅斯頓因演出時突然心力衰竭被送進英國倫敦的湯普森急救中心。醫務人員用盡一切辦法也沒能挽回他的生命。羅斯頓臨終前喃喃自語：「你的身軀很龐大，但你的生命需要的僅僅是一顆心臟！」

作為一名胸腔外科專家，哈登院長被羅斯頓的這句話深深打動，他讓人把它刻在了醫院的大樓上。

後來，美國石油大亨默爾也因心力衰竭住進了這個急救中心。默爾工作繁忙，他在湯普森醫院包了一層樓，增設了五部電話和兩部傳真機。當時的《泰晤士報》稱這裏為美洲的石油中心。

默爾的心臟手術很成功，但他出院後沒有回美國去繼續他的石油生意，而是住在了蘇格蘭鄉下的一棟別墅中，並且賣掉了自己的公司。他被醫院樓上刻著的羅斯頓的話深深打動。他在自己的自傳中寫道：「富裕和肥胖沒什麼兩樣，都不過是獲得了超過自己需要的東西罷了。」

默爾是偉大的，他能及時醒悟，領悟到人生的真諦。現實生活中，又有多少人執迷不悟，任那欲望無休止地膨脹下去，以致讓生命超載啊？人往往都是這樣，只有面臨生死抉擇的時候才大徹大悟，才感到生命比什麼都重要。

宣洩心理負擔

軀體是對靈魂的折磨；它是地獄，是命運，是負擔，是粗壯的鎖鏈，也是難忍的懲罰。

——帕拉達斯

在日常生活中，當人們感到心情壓抑的時候，不妨向親朋好友或心理醫生傾訴，把埋在心中的鬱悶和不快都說出來，這會使內心的痛苦減輕許多。因此有人提出，「傾訴」是醫治心病的良方。人們在傾訴的同時，除了減輕壓力之外，還可能會得到別人有效的幫助，解開自己心中的結。

傾訴只是宣洩的方式之一，人們可以根據自己的具體情況和具體需要，選擇不同的方式方法來釋放精神壓抑，緩解內心痛苦，維護心理平衡。

1．放聲大喊，高聲歌唱　有效的未必複雜，簡單的也許更可靠。可以跑到山上，「肆無忌憚」地喊叫，有情趣的人還會故意拉出與眾不同的調子，下山時會感到心中的煩惱煙消雲散，渾身輕鬆。實踐證明「盡情地放聲大喊，投入地高聲歌唱」確實能排解不良情緒，特別是針對較內向的人更有奇效。

2．大哭一場　美國的心理學家研究發現，當重大的刺激給我們帶來沉重的心理打擊，這時候如能痛痛快快哭一場，不僅能夠宣洩悲痛，減輕痛楚，還能改善我們的情緒，更快地投入到正常的生活學習中。所以當我們受了委屈，當我們承受著不能承受之重，想哭的時候就盡情去哭吧，哭出煩惱，哭出輕鬆，哭出快樂。

3．找個對象出氣　破壞欲與生俱來，人皆有之。不良情緒可以通過摔東西、砸東西等破壞活動來得到宣洩，不過我們的建議，不是在家裡砸杯子，而是到郊外或河岸去丟石子，也可以採用寫日記的方式（發洩完應及時銷毀）來發洩心中的不滿。當然絕不能以此爲藉口來傷害別人或自己。

嘗試一下「輕體育」

散步能促進我的思想，我們的身體必須運動，腦力才會開動起來。——盧梭

「輕體育」也稱「輕鬆體育」或「快樂體育」，是歐美體育學者新近提出的一種大眾健身運動形式，它最主要的特點就是因地制宜、因時制宜、因人而異。

1．赤足原地跑　地上放一塊洗衣板或舊塑膠澡盆，鋪上一些小石子或鵝卵石，光腳在上面慢速原地跑，天冷可穿軟底鞋或厚襪子。人的腳底有成千上萬的神經末梢，與大腦緊密相連，以卵石或洗衣板的凸出部位刺激雙腳底，有較好的健身效果。

2．原地高抬腿　站立，雙手握虛拳，雙腳輪流提起，雙臂隨之自然擺動。可根據身體狀況，選擇提腿的高度和速度。

3．旋轉慢步跑　先在原地練習順時針和逆時針旋轉，不求快速只求勻速。一般能習慣於順逆時針各轉三圈即可。然後在跑步過程中不時旋轉，並逐步增加旋轉的頻率和速度及圈數。旋轉慢跑可產生一種離心力，可明顯改善全身血液循環。

4．踮腳退步跑　先測量來回的步數，然後背向目標，目視前方，頭正身直，雙手握虛拳置於腰間，踮起雙腳，小跑步向後退去，同時擺動雙臂，默數步數。此法對腰肌勞損、腰椎病以及腰、腿、腳骨質增生等患者，尤有益處。

5．強力登樓跑　以力所能及的速度、不用扶手上下樓，下樓時亦可倒退行，但每次只能跨一節臺階，此法可增強人的肺活量，增大髖關節的活動幅度，使下肢肌肉得到鍛鍊，且能加強腰腹的肌肉活動，有消除贅肉、強筋壯骨之功效。

增強晚上想睡就睡的意念

人應該支配習慣，而絕不能讓習慣支配自己。

——奧斯特洛夫斯基

1．避免午睡或白天小睡　這樣可以讓自己疲倦些。

2．減少臥床的時間　當睡眠效率降低至80%以下時，應考慮減少臥床時間，以提高睡眠效率；而隨著睡眠效率的提升，再逐步延長臥床時間。

3．白天運動、夜晚按摩 白天運動除了可強健身體、促進心情的調適外，運動時體溫的上升可促進夜晚睡眠，特別是慢波睡眠。然而傍晚過後尤其臨近入睡時，應避免做劇烈運動，否則臨睡前仍處於興奮狀態的肢體及高體溫將有礙入睡。一般而言，睡前6小時內應停止劇烈運動。晚上則應用按摩或柔軟體操來幫助肌肉放鬆。

4．睡前沖溫水澡 睡前沖溫水澡有助於入睡，但應避免水溫過熱或過冷。由於入睡時身體偏好降低體溫，洗熱水澡會使人體溫太高而不易入睡，而過冷的水溫則有促醒作用。若想浸泡熱水，則應提前至睡前2～3小時。

養成進行有氧運動的習慣

人喜歡習慣，因爲造它的就是自己。

——蕭伯納

隨著生活水準的提高，人們追求健康、提高生活品質的願望更加迫切。而保持健康的鑰匙就掌握在我們自己手中，這就是有氧運動。

有氧運動是最好的減肥運動方式。它能直接消耗脂肪，使脂肪轉化成能量被機體組織消耗掉。據醫生長期觀察發現，減肥者如果在合理安排飲食的同時，結合有氧運動，不僅減肥能成功，並且減肥後的體重也會得到鞏固。

有氧運動促進人體代謝活動。有氧代謝運動使人體肌肉獲得比平常高出8倍的氧氣，從而使血液中的蛋白質增多，供應全身營養物質充足，使人體內免疫細胞增多，促進人體新陳代謝，使人體內的致癌物及其有害物質、毒素等及時排除體外，減少肌體的致癌因數和致病因數，從而保證健康。

有氧運動延緩了人體組織衰老。有氧代謝運動可明顯提高大腦皮層和心肺系統的機能，促使周圍神經系統保持充沛的活力，並且使體內具有抗衰老的物質數量增加。推遲肌肉、心臟以及其他各器官生理功能的衰老和退化，從而延緩機體組織的衰老進程。

有氧運動提高身體機能素質。它可以提高人體耐力素質，發展練習者的柔韌、力量等身體素質。

有氧運動對於腦力勞動者非常有益。加拿大多倫多大學健康教育家萊斯通過對八百人的長期觀察和三百多個有關實驗發現，當人們感到大腦疲勞時，到室外跑步，可以使大腦的功能恢復到58％，而不做運動改吃藥的話，大腦的功能只能恢復到40％～50％。有人便總結出來：慢跑是最佳有氧運動，對醒腦有奇效。

做鬆弛自己的練習

適度的娛樂能放鬆人的情緒，陶冶人的情操。

——塞內加

你若是能夠認識——你並不是你思想的受害者，而是你心意的主人，那你便會覺得很快樂。做鬆弛自己的練習時，請你一面體會我們所說的話，一面做一個深呼吸練習鬆弛。首先，深深的吸入一口氣，然後呼氣，在呼氣的時候，你要儘量放鬆、放慢，不留絲毫緊張，好像非常優閒。讓你的頭頂、額頭、面部肌肉等，都完全放鬆。就是在平時，你的頭也並不需要緊張，尤其是在你閱讀的時候。相反的，如果你的頭部鬆弛，你會覺得閱讀很舒適，很容易。

跟著，把你的舌、喉和肩都放鬆，你的手臂、手，也要放鬆。即使你手握書本，也並不需要著意用力。接著把你的背部、胃部、腹部——一處一處地放鬆。讓你的深呼吸帶給自己十分輕鬆的感覺。

最後放鬆你的雙腿、雙足。這樣做後，你的身體全部都放鬆了，和還未放鬆以前，有了很大的分別。

你現在會明白，原來自己的身體一向都那麼緊張。是你把自己的身體繃得那麼緊張，這表示你把你的心意也同樣地繃得非常緊張。

當你完全放鬆了以後，你可以告訴自己：「我現在已經不再緊張了。我已經讓緊張離去，讓所有的恐懼也離去；我可以不再怨恨、不再惴惴不安、不再傷感，所有那些令我不快樂的感覺，我都在放鬆中讓它們遠遠地離開了我。我現在很輕鬆，我對自己的生命和周圍的環境，都覺得很好、很安全。」

請把這種練習，每天都重複地做上兩三次。多多地去享受那種鬆弛後輕鬆愉快的感覺。假如你有困擾的思想出現，隨時可以再做這種練習，把困擾趕走；假如你身體某處感到不適，做這種鬆弛練習，可以未病防範、有病治病。

每一次鬆弛自己，時間大約以十五分鐘左右最爲適宜。

擁有一顆愛心

愛別人，也被別人愛，這就是一切，這就是宇宙的法則。爲了愛，我們才存在。有愛慰藉的人，無懼於任何事物、任何人。

——法．彭沙爾

據心理學家研究表明，保證人類健康最爲重要的精神「營養素」是愛。童年時代主要是父母之愛；少年時代增加了夥伴和師長之愛；青年時代情侶和夫妻間的愛情尤爲重要；中年人社會責任重大，同事、親朋和子女之愛十分重要；而老年人對子女和孫輩的愛在他們生命中占重要地位。

愛有十分豐富的內涵，如情愛、關懷、安慰、鼓勵、獎賞、讚揚、信任、幫助和支持等皆是。一個人如果長期得不到別人尤其是自己親人的愛，心理上會出現不平衡，進而產生障礙或疾患。

擁有一顆愛心。人在愛著和被愛時，體內免疫功能最重要的T細胞處於最佳、最興奮、最健康活潑的狀態，以致病毒無法入侵。

遺忘力所不及的事

再好的東西都有失去的一天。再深的記憶也有淡忘的一天。再愛的人，也有遠走的一天。再美的夢也有甦醒的一天。該放棄的絕不挽留，該珍惜的絕不放手。

——莎士比亞

對於力所不及的事，不要糾纏在心，對生活中意想不到的困難不去著急。人生有順境也有逆境，有成功也有失敗。克服了困難，取得了成就，自然可體會到戰勝困難的幸福，但在戰勝不了時，還是忘掉爲好，也不要勉強去克服。一個哲學家說得好：「快樂之道無他，就是自己的力量所不及的事不要去憂慮。」

日本老人更是從長壽經驗悟出了三項該遺忘的物事：一、忘記死亡，可擺脫恐懼死亡的困擾；二、忘記錢財，可從錢財的桎梏中解放出來；三、忘記子孫，可卸去爲子孫操勞的精神負擔。

就身體健康而言，這是絕對值得參考的。

惡劣天氣更要堅持鍛鍊

人生恰恰像馬拉松賽跑一樣——只有堅持到最後的人，才能稱為勝利者。

——池田大作

冬天，因為氣候寒冷，許多人不願意參加體育運動，但正如俗話所說：「冬天動一動，少鬧一場病；冬天懶一懶，多喝藥一碗。」這話說明冬季堅持體育鍛鍊，是非常有益於身體的健康。

事實證明，冬季到戶外參加體育運動，身體受到寒冷的刺激，肌肉、血管不停地收縮，能夠促使心臟跳動加快，呼吸加深，體內新陳代謝加強，身體產生的熱量增加。同時，由於大腦皮質興奮性增強，體溫調節中樞的能力明顯提高，有利於靈敏、準確地調節體溫。這樣，人的抗寒能力就可明顯增強。據測定，參加冬季鍛鍊與不參加冬季鍛鍊的人的抗寒能力，有的相差10倍以上。

此外，由於不斷受到冷空氣的刺激，人體造血機能也發生變化，血液中的紅、白細胞，血紅蛋白及抵抗疾病的抗體增多，從而大大提高人體對疾病的抵抗力，有助於預防感冒、氣管炎、貧血和肺炎等疾病。

從壓力中解救自己

如果錯過太陽時你流了淚，那麼你也要錯過群星。

——泰戈爾

有很多種方法可以從壓力中營救自己，只要你願意這樣做。

1．一次只擔心一件事情 女人的焦慮往往超過男人。哈佛大學的研究人員對166名已婚夫婦進行了六個星期的研究，發現了因爲女人們更愛方方面面地考慮問題，所以女人們比男人更經常感到壓力。她們會考慮自己的工作、體重，還有每個家庭成員的健康等等。

2．每天集中精力幾分鐘 比如現在的工作就是把這份報告寫好，其他的事情一概拋在腦後，不去想。在工作的間隙，你也可以花上20分鐘的時間放鬆一下，僅僅是散步而不考慮你的工作，僅僅專注於你周圍的一切，比如你看見什麼，聽見什麼，感覺到什麼，聞到什麼氣味等等。

3. 說出或寫出來你的擔憂　寫日記，或與朋友一起談一談，至少你不會感覺孤獨而且無助。醫學專家曾經對一些患有風濕性關節炎或氣喘的人進行分組，一組人用敷衍塞責的方式記錄他們每天做了的事情；另外的一組被要求每天認眞地寫日記，包括他們的恐懼和疼痛。結果研究人員發現：後一組的人很少因爲自己的病而感到擔憂和焦慮。

4. 不管你有多忙碌要運動　研究人員發現在經過30分鐘的踏腳踏車的鍛鍊後，被測試者的壓力水準下降了25％。上健身房，快走30分鐘，或者在起床時進行一些伸展操類的練習都行。

5. 享受按摩的樂趣　不只是傳統的全身按摩，還包括足底按摩、修指甲或美容，這些都能讓你的精神鬆弛下來。

6. 放慢說話的速度　也許你每天的桌上擺滿了要看的文件，你的右手在接聽電話，左手還要翻看資料。你要應付形形色色的人，說各種各樣的話。那麼你一定要記住，儘量保持樂觀的態度，放慢你說話的速度。

7. 不要太嚴肅　不妨和朋友一起說個小笑話，大家哈哈一笑，氣氛活躍了，自己也放鬆了。事實上，笑不僅能減輕緊張，還有增進人體免疫力的功能。

8．不要讓否定的聲音把自己逼瘋　老闆也許會說你這不行那不行，實際上自己也是有著許多優點的，只是老闆沒發現而已。

9．讓自己徹底放鬆一天　看一篇小說，唱首歌，喝杯茶，或者乾脆什麼也不想，坐在窗前讓自己放空。這時候關鍵是你內心的體味，一種寧靜，一種放鬆。

10．至少記住今天發生的一件好事情　不管你今天多辛苦，多不高興，回到家裏，都應該把今天的一件好事情與家人分享。

第四章

讓自己快樂的好習慣

快樂純粹是內在的，它是由於觀念、思想和態度而產生的。不論環境如何，個人的活動能夠發展和指導這些觀念、思想和態度。除了聖人之外，沒有一個能隨時感到百分之分的快樂。如G．蕭伯納所諷刺的那樣，如果我們覺得不幸，可能會永遠不幸。

但是，我們可以憑藉動腦筋和下決心來利用大部分時間想一些愉快的事，應付日常生活中使我們不痛快的瑣碎小事和環境，從而使我們得到快樂。我們對小事的煩惱、挫折、牢騷、不滿、不安的反應，在很大程度上純粹出於習慣。我們做這種反應已經練習了很長時間，也就成了一種習慣性反應。這種習慣性的不快樂反應大多起因於我們自以為有損於自尊心的某種事情。

一個司機無緣無故地向他人按喇叭，我們談話時有人肆意插嘴，我們以為某人該來幫忙他卻沒有來……等等。甚至一些非個人的事情也可能被認為是傷害了我們的自尊心而引起我們的反應：我們要搭的公車怎麼老是不來、我上班會遲到了等等。我們反應是憤怒、沮喪、自憐，換句話說：不高興！但如果你能養成快樂的習慣，你就會就變成一個主人而不再是奴隸。

記住，你的狀態，可能使事情理更不樂觀。甚至在遇到悲慘的情況和極其不利的環境時，我們一般也能做到比較快樂，即使不能做到完全的快樂，只要我們不在不幸之中再加上我們自憐、懊悔的情結和於事無補的想法。

人是一個追求目標的生物，所以，只要他朝著某個積極的目標努力，他一定能自然正常地發揮作用。快樂就是自然正常地發揮作用的徵兆。人只要發揮出一個目標追求者的作用，不管環境如何，他都會感到十分快樂。

讓自己時刻擁有快樂的感覺

真正的快樂是內在的，它只有在人類的心靈裡才能發現。

——布雷默

當安東尼．羅賓把快樂這一項加在最重要的追求價值表內時，大家都說：「你跟我們不太一樣，你似乎很快樂。」事實上，羅賓是很快樂，可是卻從未表現在臉上。你知道嗎，內心的快樂跟臉上的快樂有很大的差別，前者能使你充滿自信、對人生心懷希望、帶給周圍之人同樣的快樂；而後者，臉上的快樂一樣具有能消除害怕、生氣、挫折感、難過、失望、沮喪、懊悔及不中用感的能力，當你遭遇了什麼事，硬是在臉上浮現笑容，就會使你覺得再也沒什麼比這個更讓你「難受」的了。

要想臉上表現出快樂的樣子，並不是說要你不去理會所面對的困難，而是要知道學會如何保持快樂的心情，那樣就有可能改變你生活中的許多事情。只要你能臉上常帶笑容，就不會有太多的行動訊號引起你痛苦。

一般字典上對快樂下的定義多半是：覺得滿足與幸福。一位哲學家說：「快樂是我們的需求得到了滿足。」的確，快樂是一種美好的狀況，也就是沒有不好或痛苦的事情存在，覺得個人及周圍的世界都挺不錯。你該如何才能獲得它呢？

追求快樂的途徑很多，不光是只有你死心眼認定的那一種。一般人往往認爲自己這一生只能成功地擔任一種工作，扮演一個角色，甚至以爲如果不能得到或辦到這一點，自己就永遠不會快樂，這種想法未免太狹隘了。不能達成目標固然痛苦，可是這並不表示你從此就與快樂絕緣了，除非你自己要這樣想。

快樂就在你身邊

所謂內心的快樂，是一個人過著健全的、正常的、和諧的生活所感到的快樂。

——羅曼・羅蘭

許多人抱怨生活太清苦，許多人到外界去尋求快樂。而對身邊的美景熟視無睹，其實只要用心生活，身邊就有感動你的美景。

在春天，特別是早春，從「春來發幾枝」的柳樹上，從重新披上綠裝的大地上，從碧波輕蕩的湖面上，從鳥雀嘰喳的瓦房屋頂，從萬物萌發的郊外，從身邊女人和孩子們的身上，你隨處都能感受到風景的存在，讓心靈享受美的薰陶。

在夏天，你可以去體會萬物在驕陽下傲然挺立的颯爽英姿。如果是晴空萬里，你可以去湖邊體會「水光瀲灩晴方好」的詩意；如果是雨天，你則可以去感受「山色空濛雨亦奇」的意境。

秋天是一個收穫的季節，更是好景連連，正如古人所說：「一年好景君須記，最是橙黃橘綠時。」看著院裏掛滿果實的梨樹，你能不開心？聞著空氣中彌漫著的果實的芳香，你能不開心？就是看看滿街的落葉，也會帶給你無窮的遐想，你也沒有不開心的理由啊！

冬天總是給人一種肅殺寂靜的感覺，其實，冬天也有冬天的美麗。比如去看雪，去體會那種「大雪壓青松，青松挺且直」的詩意，不也是很美，很讓人振奮嗎？即使去看那光禿禿的樹，在凜冽的西風的肅殺中沉著堅持的樣子，也讓人感受到力量和希望。享受著這一切，你能說冬天不美嗎？

永不吝嗇燦爛的笑容

就算你不快樂也不要皺眉，應爲你永遠不知道誰會愛上你的笑容。

——泰戈爾

一個臉上總是掛著燦爛笑容的人，總比一個一天到晚繃著臉或是愁眉苦臉的人，更容易發現成功。

事實上，微笑比穿著更重要。比如，你最近遇見一位多年不見的老友，你大概會記得他當時的表情是快樂或是憂傷的，但是你會忘記他穿的是什麼衣服。

如果你眞的不想笑，你就去強迫自己笑。如果只有你一個人，強迫自己吹口哨、唱唱歌什麼的。用肢體語言引導自己的情緒，你就容易變得快樂起來。

你是否注意到，自己也是有意無意地避開那些不開朗的人，而喜歡去接近那些一天到晚笑口常開、樂觀的人。

如果有人問你「近來好嗎？」，你怎麼回答？有的人認爲，不要回答他們，因爲他們大部分並不是眞的想知道。他們只是好管別人閒事，或者對你的遭遇幸災樂禍。

我們卻不這樣認為。當別人問「你好嗎？」，我們會笑著回答好極了。因為我們知道，這樣做會使對方和我們都感到輕鬆愉快。

真心去關愛別人，而不是一味地要別人對你表示關愛，學著對你所喜愛的人說「我愛你」。讓我們向世界上最會交朋友的動物——狗學習交友之道。當你還離牠身旁幾步時，牠就開始搖尾巴。如果你停下來拍拍牠，牠就會激動地跳躍著，以示親熱。牠不想向你推銷任何東西，更不想和你結婚，只是喜歡你，並表現出來而已。

你要多快樂，就會變得有多快樂。當我們綻開笑容，對我們喜愛的人說「我愛你」時，你會發現世界和你一樣需要關愛。

學會感受幸福

幸福有它的兩重性：一方面在於福至心靈，時來運至——另一方面，也是最實際的方面，就是知足常樂地安度日常生活，這也就是說，頭腦清醒，不幹蠢事。

——馮塔納

美國心理學家哈利．克塞克曾經提出感受幸福的幾個訣竅，值得我們借鑒：

1．換一種心情看生活　把孩子的微笑當成珍寶，在幫助朋友中得到滿足感，與好書裏的人物共歡樂。

2．控制你的時間　一天寫300頁書是件很難的事，然而每天寫2頁則非常容易辦到。這樣堅持150天，你就可以寫成一本書，這個原則可應用於任何工作。

3．增強積極情緒　積累消極的情緒使人沮喪，而積累積極的情緒催人奮進。幸福的人做的每一件事都是努力消除消極情緒的過程。

4．善待身邊的人　要學會很好地對待親近的朋友與家人。

5．面帶幸福感　實踐表明真正面帶幸福感的人，他們更感到幸福。經常歡笑更能在大腦中引起幸福的感覺。

6．不要無所事事　不要老是抓住遙控器，把自己困在電視機前，要沉浸於能發揮你的技能去做的事情中。

7．多參加戶外活動　不要待在室內，出去走走是對付壓力和焦慮的良藥。對感到一定壓力的大學生做的調查表明，經常在戶外鍛鍊的學生情況要明顯好於不參加者。

8．好好休息　幸福的人精力充沛，但他們仍留出一定的時間睡眠和享受孤獨。

讓自己養成快樂的習慣

不應該追求一切種類的快樂，應該只追求高尚的快樂。
——德謨克利特

人世間，並非無煩惱就快樂，亦非快樂就沒有煩惱。那麼人們能否一生都保持愉快的生活呢？請牢記下面七項：

1．承認弱點 要承認自己的弱點，樂意接受別人的建議、忠告，並有勇氣承認自己需要幫助。

2．吸取教訓 面對失敗和挫折應該從中吸取教訓，勇往直前。

3．有正義感 在生活中誠實和富有正義感，朋友們就會樂於幫助你。

4．能屈能伸 對待人生應該是處之泰然，人的一生會遇到意想不到的打擊或其他不幸，要客觀對待隨遇而安。

5．熱心助人 幫助別人，與人關係融洽，自然就會受人尊敬。

6．寬恕之心 自己受到不平等待遇時，必須寬恕和同情他人。

7．堅守信念　當你做任何事情時，都必須堅守個人的信念。

使自己成為快樂的人

人生最大的快樂不在於佔有什麼，而在於追求什麼的過程。

——本生

英國《太陽報》曾以「什麼樣的人最快樂」爲題，舉辦了一次有獎徵答活動，從應徵的八萬多封來信中評出四個最佳答案：

1．作品剛剛完成，吹著口哨欣賞自己作品的藝術家；

2．正在用沙子築城堡的兒童；

3．爲嬰兒洗澡的母親；

4．千辛萬苦開刀後，終於挽救了一個病危生命的外科醫生。

要使自己成爲快樂的人，從第一個答案中，我們知道必須工作，有工作，就會使人快樂；第二個答案告訴我們，要學會快樂，必須充滿想像，對未來充滿希望；第三個答案告訴我們，要學會快樂，一定要心中有愛，那種無私的、不計報酬的愛；第四個答案告訴我們，要學會快樂，一定要有能力，要有助人爲樂的技能。只有這樣的人，世人才會給他最美妙的報償，正所謂予人快樂、予己快樂。

不要太在乎別人的批評

人的一生應該爲自己而活，應該學著喜歡自己，應該不要太在意別人怎麼看你，或者別人怎麼想你。其實，別人如何衡量你也全在於你自己如何衡量你自己！

——席慕蓉

根據專家調查研究，使人覺得滿足的辦法之一，就是不要太在乎別人的批評！換句話說就是臉皮要厚一點。不要因外來的逆流而屈服。不要因爲別人的冷言冷語就傷心氣憤，以爲自我受了莫大的傷害。不過你倒是應該心平氣和地反省一下，如果別人的批評是正確的，你就該改進向上。如果批評是不公正的，何不一笑置之呢?!也許剛開始，你不太能掌握住應付批評的對策，因爲你也許會很敏感，難免會有情緒上的反應，可是你要練習控制自己，這種技巧是終生受用不盡的。

快樂的滋味因人而異。能使別人快樂的事物不一定能使你快樂。惟有你自己才知道該如何去追求快樂。可是記住：千萬可別守株待兔喔！快樂是隻狡猾的兔子，你可得努力用心去追尋才能得到啊！

讓自己充滿熱情，生活便多一分活力

經驗告訴我們：成功和能力的關係少，和熱心的關係大。

——貝克登

美國文學家愛默生曾寫道：「人要是沒有熱情，是幹不成大事業的。」

S·烏爾曼也說過：「年年歲歲只在你的額上留下皺紋，但你在生活中如果缺少熱情，你的心靈就將佈滿皺紋了。」

人們有了熱情，就能把額外的工作視作機遇，能把陌生人變成朋友，能真誠地寬容別人，能愛上自己的工作，不論他是什麼頭銜，或有多少權力和報酬；人們有了熱情，就能充分利用餘暇來完成自己的興趣愛好，如一位主管可成爲出色的畫家，一個普通職工也可成爲一名優秀的手工藝者。

人們有了熱情，就會變得信心十足，心胸寬廣；就會變得輕鬆愉快，甚至忘記病痛，當然還將消除心靈上的一切皺紋，重新找回對生活的熱愛和動力。

緊緊擁抱住善良

> 人性本善。善良的心地，就是黃金。
>
> ——莎士比亞

擁抱著善良，我們就會擁有一種美好的感覺，就會擁有一種亮麗的情懷；平凡的生命便會顯得生動起來，普通的世界便會渲染出迷人的色彩。

相反，如果你胸中沒有善良的情愫，你也就失去了一顆平和的心，你便不會用一種平和的心態對待你所際遇的人和事。之所以有那麼一種拔一毛利天下而不爲的人，關鍵的問題並不是這種作爲本身給他帶來多少損失或利益，而是這種人的世界觀、人生觀、價值觀使他根本不能容忍或接受這種行爲。

這種人的胸中除了自私、狹隘，已經容不下與他自身利益並無大礙或者並無根本利害衝突的善良，除了幸災樂禍或「我不幸天下人皆應不幸」的這種陰暗心理之外，我們很難在這種人身上找到其他更多的情懷。因爲這種人遠離了善良，隨之而來的嫉妒、仇恨、不平便會把他燃燒得焦躁不安。

所以，這種人不但容不得他人發財、升遷，甚至看不慣他人擁有良好的心情和燦爛的笑容。所以，凡是與他不能利益與共的人便都成了他臆想的對手，於是也就成了他防範或攻擊的對象。

其實這種人眞的活得很苦、很累，很令人爲他悲哀。

對於芸芸衆生來說，也許創造輝煌或走向偉大，確實不是一件容易的事，但要擁有一顆平和而善良的心，並以此善待社會、善待他人又似乎是一件並不那麼複雜、那麼困難的事。

每件事最後都會好轉

我說做個樂觀主義者要這樣：即使情況不佳，你也確信它會好轉。——休斯

不管別人怎麼說，每件事都只看它的光明面。要有信心，不管是對你、對其他人或者是整個世界，每件事最後都會好轉的。

不要讓這個信念動搖，把你堅定不移的信心表現出來。如果別人說你實在是過度樂觀，告訴他們，要過度樂觀是不可能的。每一個經驗——即使是最不愉快的一個——也帶有一些滿足的種子。

期待美好的事情發生是什麼感覺？陌生？熟悉？不可能？容易？當你對每件事都保持著正面的看法時，別人有什麼反應？他們認爲你已經是不可救藥了，或者讚歎地注意到你態度上的改變？數一數有多少次別人說你不切實際，這時你可以對他們說：「每件事到最後都會有好轉，就算最終沒有像想像的那麼好，但很顯然的是，我已經從中得到了快樂。」

如果你原本就是個樂觀的人，再樂觀一點，看看在一個從1到10的快樂刻度上，你能不能接近10呢？

喜歡的不一定要去得到

利己的人最先滅亡。他自己活著，並且爲自己而生活。如果他的這個「我」被損壞了，那他就無法生存了。

——奧斯特洛夫斯基

誰說喜歡一樣東西，就一定要得到它？

有時候，有些人，爲了得到他們喜歡的東西，殫精竭慮，費盡心機，更甚者可能會不擇手段，走向極端。也許他們得到了喜歡的東西，但是在追逐的過程中，失去的東西也無法計算，他們付出的代價是其得到的東西所無法彌補的。

其實喜歡一樣東西，不一定要得到它。因爲有時候爲了強求獲得一樣東西，而令自己的身心都疲憊不堪，是很不划算的。有些東西是「只可遠觀而不可近睹」的，一旦你得到了它，日子一久你可能會發現其實它並不如原本想像中的那麼好。

「得不到的東西永遠是最好的。」那是因為那份「美好」永遠只停留在你的美夢中，而不曾讓你真正面對罷了。

不想佔有就不會太痛苦，所以，無論是喜歡一樣東西也好，喜歡一個人也罷，與其讓自己負重，不如輕鬆地面對，即使有一天放棄或者離開，你也學會了平靜。

栽種快樂的心靈之花

一個人要對昨天的日子感到快樂，對於明天感到有信心。

——華茲華斯

「文革」期間，著名作家沈從文被下放到多雨的湖北咸寧勞動改造，飽受痛楚。可沈從文毫不在意，在咸寧給他的表侄、畫家黃永玉寫信說：

「這兒荷花眞好，你若來——」

就這樣一句普普通通的「荷花眞好」，竟使那段苦難的日子飄蕩著荷花的芬芳，令人以爲多雨泥濘的咸寧是王孫可遊的人間仙境呢！看似平淡的語句裏，暗示了多少生命玄機，又蘊含了多少人生智慧啊！現實生活中，無限制增長的欲望、不滿足現狀的心態，還有那諸多數不清的煩惱與磨難，常常使人患得患失。因此，很多人抱怨命運，抱怨時運不濟，抱怨人生多「苦」。

栽種一株快樂的花朵於心田。無論生活面臨怎樣的境地，人生遭逢怎樣的磨難，請讓快樂的花朵開放在心靈的原野上，讓靈魂的舞姿如花之綽約，滿懷著花的芬芳。

是的，無論生命有多少淒苦，人生有多麼艱難，栽種一株快樂的心靈之花於心田，讓絢麗的花朵昂然地綻放在生命的枝頭。從此，你便擁有了蘭心蕙性，你的心境也定會盈滿幸福！

快樂沒有條件，養成快樂的習慣

不要爲突如其來的不幸而苦惱。因爲不是與生俱來的東西，留也留不住。

——伊索

快樂不是用錢買得到的，也不是勤勞得到的報酬。快樂只是我們思想愉悅時候的一種心理狀態。不管你的相貌、出身、財富如何，只要你能保持健康的心態，你就能得到快樂。如果你一直要等到有「値得」愉悅的思想時，你很可能永遠得不到快樂。快樂不是美德的報酬，它本身就是一種美德；我們不因爲能抑制欲望而感到快樂，相反地，我們是因爲快樂而能克服欲望。

很多人不敢放手去追求快樂，因爲他們覺得那是「自私的」、「罪惡的」。無私確實帶給我們快樂，因爲它不僅讓我們的心思遠離了以自我爲中心、犯錯、罪惡與自傲；同時還能使我們能創造性地表達自己並完成幫助別人的善舉。人類最愉悅的思想是被人需要的感覺，是他能助人得到快樂的想法。然而，我們如果認爲快樂是道德的問題，把它當成是因不自私而得到的報酬時，我們往往會因爲缺乏快樂而感到罪惡。

快樂是起於不自私的行爲，它是一種行爲的自然伴隨物，而不是這種行爲的報酬。如果我們因不自私而得到報酬，那麼下一個邏輯的推理是：如果我們使自己更自我犧牲，更窮困，我們就會更快樂。這個前提所得到的荒謬結論是：快樂之門就是憂愁。

任何的道德，都是源自快樂而非不快樂。有什麼東西比憔悴、憂鬱的心情（不管外在疾病是什麼）更沒有價值？有什麼東西比用不快樂的態度傷害他人更甚？有什麼東西比用不快樂的心情解決問題更加無助？

不快樂的人最普遍的原因是他們認爲某個目標的實現會給他們帶來永久的快樂。目前他們不是在生活，也不是在享受人生，他們是在等待未來的某些事情。他們以爲他們結婚以後，他們找到好工作以後，他們買下房子以後，孩子們完成大學教育以後，某項事業成功之後，他們將會更快樂，但無可避免的，他們失望了。不要指望著把所有問題都解決後就能獲得快樂。一個問題解決了，另外一個問題又會接踵而至，生活就是一連串的問題。如果要快樂，現在就必須馬上快樂起來，不要「有條件」地快樂。

如果你讓外在的事情任意支配你的感覺與反應，你就像是奴隸一般，每當事情或環境發信號給你「惱怒」、「不舒服」、「感覺不快樂」時，你就迅速地聽從命令。爲什麼要讓別人的行動左右你的情緒呢？

學習快樂的習慣，你就可以成爲情緒的主人而不是奴隸，快樂的習慣可使一個人不受外在情況的支配。遇到悲哀的情景與逆境，只要我們不在不幸事件之上再加入自憐、懊悔與不順的情緒，我們縱使不會感到完全快樂，也常能多少感覺到一些快樂。

隨時清除生活中的憂鬱情緒

充滿著快樂與戰鬥精神的人們，永遠帶著快樂，歡迎雷霆與陽光。

——莎士比亞

憂鬱使人覺得疲累、無力、人生沒有意義、絕望，甚至會想要放棄生命。但是，這些負面的想法只是人情緒的一部分，它會隨著合理的調適而消失。如果你想要儘快脫離或避免加入憂鬱者的行列，請牢記以下各大要點：

1. 不要定下難以達成的目標或承擔太多責任。
2. 把巨大的任務區分成好幾個小專案，分優先順序，盡力而爲。
3. 不要對自己期望太高，這將會增加挫折感。
4. 設法和別人在一起，避免經常獨處。
5. 參與能夠使你歡愉的活動。例如：輕鬆的運動、打球、看電影、參加宗教活動或社交活動，不要太勞累。

6. 不要做重大的決定，例如轉行、轉業或離婚，專家建議把做重大的決定後延到憂鬱症的病情改善爲止。

7. 不要期望憂鬱症會突然變好，這種情況很少見。儘量幫助自己、寬待自己，不要因爲未能達到一定水準以上的表現而責備自己。

8. 切記不要接受負面的想法，它只是病情的一部分，而且會隨著治療而消失。

9. 當你自己覺得憂鬱的現象日趨嚴重時，不必害臊，要立刻去找心理醫生或精神科醫生。

10. 家人或朋友出現憂鬱的現象且日趨嚴重時，也要鼓勵他們去看心理醫生或精神科醫生。

學會欣賞，不讓心靈的花園荒蕪

欣賞別人，是一種氣度，一種發現，一種理解，一種智慧，一種境界。

——卡耐基

把一份快樂拿給兩個人分享，就會變成兩份快樂。抱這種觀點的人大多對生活都有一種欣賞的態度，這種人往往更容易接近生活的內涵和生命的意義。美國女作家布朗說：「我終於想通一件事：活著，就是爲了享受人生。」

享受人生的方式有很多，但以欣賞的態度去生活是其中至關重要的一種方式。有時，我們學會了欣賞同時也就學會了生活。欣賞自然的美，欣賞別人的快樂，欣賞自己的生命的每一個流程，心靈的花園自然會綻放出美麗的色彩。

貝爾太太是美國一位有錢的貴婦人，她在亞特蘭大城外修了一座花園。花園又大又美，吸引了許多遊客，他們毫無顧忌地跑到貝爾太太的花園裏遊玩。年輕人在綠草如茵的草坪上跳起了歡快的舞蹈；小孩子在花叢中捕捉蝴蝶；老人蹲在池塘邊垂釣；有人甚至在花園當中搭起了帳篷，打算在此過他們浪漫的盛夏之夜。

貝爾太太站在窗前，看著這群快樂得忘乎所以的人們，看著他們在屬於她的園子裏盡情地唱歌、跳舞、歡笑。她越看越生氣，就叫僕人在園門外掛了一塊牌子，上面寫著——私人花園，未經允許，請勿入內。

可是這一點也不管用，那些人還是成群結隊地走進花園裏遊玩。貝爾太太只好讓她的僕人前去阻攔，結果發生了爭執，有人竟拆走了花園的籬笆牆。

後來貝爾太太想出了一個絕妙的主意，她讓僕人把園門外的那塊牌子取下來，換上了一塊新牌子，上面寫著——歡迎你們來此遊玩，爲了安全起見，本園的主人特別提醒大家，花園的草叢中有一種毒蛇。如果哪位不愼被蛇咬傷，請在半小時內採取緊急救治措施，否則性命難保。最後告訴大家，離此地最近的一家醫院在威爾鎭，驅車大約50分鐘即到。

——這眞是一個絕妙的主意，那些貪玩的遊客看了這塊牌子後，對這座美麗的花園，只能望而卻步了。

幾年後，有人再往貝爾太太的花園去，卻發現那裏因爲園子太大，走動的人太少而眞的雜草叢生，毒蛇橫行，幾乎荒蕪了。孤獨、寂寞的貝爾太太守著她的大花園，她非常懷念那些曾經來她的園子裏玩的快樂的遊客。

我們每個人心中都有一座美麗的大花園。如果我們願意讓別人在此種植快樂，同時也讓這份快樂滋潤自己，那麼我們心靈的花園就永遠不會荒蕪。

不抱太多僥倖，遏制癡迷之心

一個人一天也不能沒有理想，但憑僥倖，怕吃苦，沒有眞才實學，再好的理想也實現不了。——張華

人是很奇怪的，常常爲「萬一」兩字花錢，比如抽獎、摸彩票，明知不一定能中卻抱著「萬一」中了的想法去參加。同樣，即使是我們遭遇災禍的機率很小，也完全沒有理由讓太太和小孩承受哪怕只有萬分之一的威脅，俗話說：不怕「一萬」就怕「萬一」。給他們完整的保障，才是積極面對「萬一」的態度。

愛默生曾經寫道：「我們只要縮減需求，就會非常富有。」這一告誡可謂洞穿肺腑之言，一語道破運氣的眞諦。如果我們不能把握自己的需求，需求就會把我們當做手中玩物。每種欲望都像孩子一樣，必須在理解的基礎上對其嚴加約束。

有一句古老的格言：「不能對一次好運預期過高。」但對弱者和愚人來說，好運卻可能演變成爲陷阱。如果不加以遏制，任何欲望都可能蔓延滋長，無限膨脹，演變成一種癡

迷，最終毀掉我們的運氣。

擁有一顆感恩的心

感恩是精神上的一種寶藏。

——洛克

有兩個人在沙漠中行走多日，在他們口渴難耐之際碰到一個趕駱駝的老人，駱駝上放著一大皮囊水。於是他們便向老人討碗水喝。老人卻僅給了他們每人半碗水。其中一個人在老人走後，一個勁地抱怨老人吝嗇，有那麼多水，卻只給半碗，一怒之下，他竟將半碗水潑掉了。而另一個雖然也知道這半碗水並不能完全解除饑渴，但還是懷著感激之情喝下了這半碗水。結果，他們又往前走了很遠也沒再碰到水源，而前者因爲拒絕喝半碗水死在沙漠中，後者因爲喝了這半碗水，終於走出了沙漠。

老人施捨的分明是一種愛心，而後者喝下的也是一種感激，正是這種感激，才支撐著他走出沙漠。生活中我們也應該學會感恩，感激父母給了我們生命，感激陌生人給了我們幫助，感激——生活中需要感恩的事實在是很多。生活中懷有一顆感恩之心，才能體味到人生的幸福。

每天睡覺前花一點時間去想一想，今天有什麼讓自己感激的事，比如：父親的一句叮嚀，母親的一頓早餐，妻子的一個微笑，鄰居的一聲問候，這些都是生命中愛的體現，都是值得我們感激的。如果我們能夠感受到其中的愛，便會充滿感恩之心，我們的生活也就變得可愛、美好而充實。

以微笑面對生活

微笑乃是具有多重意義的語言。

——施皮特勒

一個王子吃飯時，喉嚨裏卡了一根魚刺，醫生們束手無策。這時一位農民走過來，一個勁兒地扮鬼臉，逗得王子止不住地笑，終於吐出了魚刺。

一對夫妻因爲一點生活瑣事吵了半天，最後丈夫低頭喝悶酒，不再搭理妻子。吵過之後，妻子先想通了，便想和丈夫和好，但又感到沒有臺階可下，於是她便靈機一動，炒了一盤菜端給丈夫說：「吃吧，吃飽了我們接著吵。」一句話把正在生悶氣的丈夫給逗樂了，見丈夫真心地笑了，她自己也樂開了。就這樣，一場矛盾在笑聲中化解開來。

雪萊說過：「笑實在是仁愛的表現，快樂的源泉，親近別人的橋樑。」

笑是快樂的象徵，是快樂的源泉。笑能化解生活中的尷尬，能緩解工作中的緊張氣氛，也能淡化憂鬱。既然笑有這麼多的好處，我們有什麼理由不讓生活充滿笑聲呢？不妨給自己一個笑臉，讓自己擁有一份坦然；還生活一片笑聲，讓自己勇敢地面對艱難！這是怎樣的一種調解，怎樣的一種豁達，怎樣的一種鼓勵啊！

讓樂觀主宰自己

一個人如能讓自己經常維持像孩子一般純潔的心靈，用樂觀的心情做事，用善良的心腸待人，光明坦白，他的人生一定比別人快樂得多。

——羅蘭

持有什麼樣的心態，也就決定擁有什麼樣的人生結局。

悲觀主義者說：「人活著，就有問題，就要受苦；有了問題，就有可能陷入不幸。」即使一點點的挫折，他們也會千種愁緒、萬般痛苦，認爲自己是天下最苦命的人。如英國哲學家羅素所形容的：「不幸的人總自傲著自己是不幸的。」

悲觀主義者用不幸、痛苦、悲傷做成一間屋子，然後請自己鑽進去，並大聲對外界喊著：「我是最不幸的人。」因爲自感不幸，他們內心便失去了寧靜，於是不平、羨慕、嫉妒、虛榮、自卑等悲觀消極的情緒應運而生。是他們自己拋棄了快樂與幸福，是他們自己一葉障目，視快樂與幸福而不見。

樂觀主義者說：「人活著，就有希望；有了希望就能獲得幸福。」他們能於平淡無奇的生活中品嘗到甘甜，因而快樂如清泉，時刻滋潤著他們的心田。

任何事物本身都沒有快樂和痛苦之分，快樂和痛苦是我們對它的感受，是我們賦予它的特徵。同一件事情，從不同角度去看待，就會有不同的感受。一個人快樂與否，不在於他處於何種境地，而在於他是否持有一顆樂觀的心。

保持熱情的態度，快樂隨之而來

熱情有極大的價值，只要不因此而忘乎所以。

——歌德

卡耐基先生的辦公室和家裏都掛著一塊牌匾，麥克阿瑟將軍在南太平洋指揮盟軍的時候，辦公室裏也掛著一塊牌匾，他們兩人的牌匾上寫著同樣的座右銘：「你有信仰就年輕，疑惑就年老；你自信就年輕，畏懼就年老；你有希望就年輕，絕望就年老；歲月使你皮膚起皺，但是失去快樂和熱情就損傷了靈魂。」

這是對熱情最好的讚詞。如果能培養並發揮熱情的特性，那麼，無論你是個小工還是大老闆，你都會認爲自己的工作是快樂的，並對它懷著深切的興趣。無論有多麼困難，需要多少努力，你都會不急不躁地去進行，並做好想做的每一件事情。

熱情對於有才能的人是重要的，而對於普通人，它的作用卻不僅僅是重要——它可能是你生命運轉中最偉大的力量，使你獲得許多你想要的東西。

或許你總是在想自己是一個各方面能力都一般化的人，經常用「我是一個普通人」的藉口來原諒自己。假如你有這樣的想法，那麼你就要小心了，這樣的心態會使你在還沒有努力之前就已經失敗，它是阻礙你獲得幸福的最大障礙，在你與成功和金錢之間築了一道厚厚的牆。

只要你確立的目標是合理的，並且努力去做個熱情積極的人，那麼你做任何事都會有所收穫。

忘記那些不應該記住的

黑夜無論怎樣悠長，白晝總會到來。

——莎士比亞

人不但要學會記憶，而且要學會遺忘。遺忘，對痛苦是解脫，對疲憊是寬慰，對自我是一種昇華。

一個人如果把什麼都記得很清楚，大腦裏充滿了各種各樣的記憶，那實在是很惱人的事，而且有害於身心健康。在現實生活中，我們常會看到這樣的現象：有些人腦子特別好使，把什麼雞毛蒜皮、恩恩怨怨的事都記得一清二楚，對什麼事都斤斤計較、耿耿於懷，結果不但事業無成，還成了個病秧子；一些人則該記的記，該忘的忘，精力充沛，胸懷坦蕩，事業有成，身心健康。

由此可見，遺忘不僅是一種風度，而且是一種重要的養生方法。

在人生的旅途中，如果把什麼成敗得失、功名利祿、恩恩怨怨、是是非非等都牢記心中，讓那些傷心事、煩惱事、無聊事永遠縈繞於腦際，在心中烙下永不褪色的印記，那就等於背上了沉重的包袱、無形的枷鎖，就會活得很苦很累，以至精神委靡、心力憔悴，生命之舟就會無所依存，就會在茫茫的大海中迷航，甚至有傾覆的危險。如果我們善於遺忘，把不該記憶的東西統統忘掉，那就會給我們帶來心境的愉快和精神的輕鬆。正像陶鑄所說：「如煙往事俱忘卻，心底無私天地寬。」

不要自尋煩惱

永遠得不到安寧，永遠得不到滿足，老是追求著永遠得不到的東西，情節、計畫、憂慮和煩惱永遠縈繞在腦。

——狄更斯

荷馬．克羅伊是位寫過好幾本書的作家。以前他寫作的時候，常常被紐約公寓的熱水燈的響聲吵得快要發瘋。蒸氣會砰砰作響，然後又是一陣聲響——而他會坐在他的書桌前氣得直叫。

「後來，」荷馬．克羅伊說，「有一次我和幾個朋友一起出去露營，當我聽到木柴燒得很響時，我突然想到：這些聲音多像熱水燈的響聲，爲什麼我會喜歡這個聲音，而討厭那個聲音呢？我回到家以後，跟自己說：『火堆裏木頭的爆裂聲，是一種很好的聲音，熱水燈的聲音也差不多，我該埋頭寫作，不去理會這些噪音。』頭幾天我還會注意熱水燈的聲音，可是不久我就把它們整個忘了。」

「很多其他的自尋煩惱也是一樣。我們不喜歡一些小事，結果弄得整個人都很頹喪，只不過因爲我們都誇張了那些小事的重要性——」

狄斯雷里說過：「生命太短促，不能再只顧小事。」

「這些話，」安德列．摩瑞斯在《本週》雜誌裏說：「曾經幫我捱過很多痛苦的經驗。我們常常被一些小事情、一些應該不屑一顧並忘了的小事情弄得非常心煩——我們活在這個世上只有短短的幾十年，而我們浪費了很多不可能再補回來的時間，去愁一些在一年之內就會被所有的人忘了的小事。不要這樣。讓我們把我們的生命只用在值得做的行動和感覺上，去運用偉大的思維，去經歷眞正的感情，去做必須做的事情。」

因爲生命太短促了，不該再去自尋煩惱了。

感恩是愛的根源，也是快樂的源泉

每一種恩惠都有一枚倒鉤，它將鉤住吞食那份恩惠的嘴巴，施恩者想把他拖到哪裡就得到那裡。

——堂恩

如果我們對生命中所擁有的一切能心存感激，便能體會到人生的快樂、人間的溫暖以及人生的價值。班尼迪克特說：「受人恩惠，不是美德，報恩才是。當他積極投入感恩的工作時，美德就產生了。」

感恩之心會給我們帶來無盡的快樂。爲生活中的每一份擁有而感恩，能讓我們知足常樂。感恩不是炫耀，不是停滯不前，而是把所有的擁有看作是一種榮幸，一種鼓勵，在深深感激之中進行回報的積極行動，與他人分享自己的擁有。感恩之心使人警醒並積極行動，更加熱愛生活，創造力更加活躍；感恩之心使人向世界敞開胸懷，投身到仁愛行動之中。沒有感恩之心的人，永遠不會懂得愛，也永遠不會得到別人的愛。

擁有感恩之心的人，即使仰望夜空，也會有一種感動，正如康得所說：「在晴朗之夜，仰望天空，就會獲得一種快樂，這種快樂只有高尚的心靈才能體會出來。」生活中確實需要感恩，不懂得感恩，生活便會黯然失色，人生便沒有滋味。

知足是一種智慧

知足常足，終身不辱；知止常止，終身不恥。

——老子

有許多時候，我們不知道滿足，甚至爲了「了卻君王天下事」，對生前身後的功名也期待頗多。對於前世，我們會埋怨父母沒有把我們生養在富貴之家，對於後世，總是抱怨子孫們不能個個如龍似鳳，但我們更多的不滿足還是來自於自身。

我們爲什麼會這樣不知足呢？這其實是欲望的驅使，是幻想的衝動，是不切合實際的索取。如果把不知足歸結爲人類後天的變異，這有失公允。其實，不知足是一種最原始的心理需求，知足則是一種理性思維後的達觀與開脫。

知足與不知足是一個量化的過程。我們不會把知足停留在某一個水準上，也不會把不知足固定在某一個需要上。不同的年代，不同的環境，不同的階層，不同的年齡，不同的生活經歷，知足與不知足總會相互轉化。窮苦的青年人還是不要知足的好，惟有這樣，生活才會改觀；一夜暴富的大款們，對於知識的追求多一些也許可以提升生活品質。但知足的農民從不強迫自己當總統，安分守己的鄉村教師會把按時領到薪水作爲最大的慰藉。

知足使人平靜、安詳、達觀、超脫；不知足使人騷動、搏擊、進取、奮鬥；知足智在知不可行而不行，不知足慧在可行而必行之。若知不行而勉爲其難，勢必勞而無功，若知可行而不行，這就是墮落和懈怠。這兩者之間實際是一個「度」的問題。度是分寸，是智慧，更是水準，只有在溫度合適的條件下，樹木才會發芽，才不至於把該煉成鋼材的煉成了生鐵。

讓快樂變成習慣

我們曾經爲歡樂而鬥爭，我們將要爲歡樂而死。因此，悲哀永遠不要同我們的名字連在一起。

——伏契克

心理學家加貝爾博士說：「快樂純粹是內在的，它不是由於客體，而是由於觀念、思想和態度而產生的。不論環境如何，個人的活動能夠發展和指導這些觀念、思想和態度。」除了聖人之外，沒有一個人能隨時感到100%的快樂。

但是，我們可以憑藉動腦筋和下決心來利用大部分時間想一些愉快的事，應付日常生活中使我們不痛快的瑣碎小事和環境，從而使我們得到快樂。我們對小事的煩惱、挫折、牢騷、不滿、懊悔、不安的反應，在很大程度上純粹出於習慣。我們做這種反應已經「練習」了很長時間，也就成了一種習慣性反應。這種習慣性的不快樂反應大多起因於我們自以爲有損於自尊心的某種事情。

一個司機無緣無故地向他人按喇叭，我們談話時有人肆意插嘴，我們以爲某人該來幫忙他卻沒有來，等等。甚至一些非個人的事情也可能被認爲是傷害了我們的自尊心而引起我們的反應：我們要乘的公車來遲了，我們要打高爾夫球時偏偏下雨了，我們急著上飛機時交通忽然阻塞了等等。

我們的反應是憤怒、沮喪、自憐，換句話說：不高興！但如果你能養成快樂的習慣，你就會變成一個主人而不再是奴隸。記住，你的狀態可能使事情更不樂觀。甚至在遇到悲慘的情況和極其不利的環境時，我們一般也能做到比較快樂，即使不能做到完全的快樂——只要我們不在不幸之中再加上我們自憐、懊悔的情緒和於事無補的想法。

面對人生，拿出熱情

熱情是一種無窮的動力，因此你要理智地克制它，智慧地運用它，以求進步的表現。

——唐拉德·希爾頓

每天走在上班下班的人潮中，面對著擁擠的人流，徒生感慨：日復一日重複著同樣枯燥的事情，面對索然無味的工作及生活，生命是否平淡得略顯蒼白了？長此以往，生命的意義何在呢？生命何時才有激情可言呢？

現實中的大多數人，可能都有過這樣的思考。

車爾尼雪夫斯基說過：「生活只在平淡無味的人看來才是空虛而平淡無味的。」

賢者說得好，或許我輩正是如此吧！在日復一日的忙碌中，我們忘記了給生命點燃一份熱情，以至於把重複的事情看得索然無味，把吃飯、工作看成是一種負擔。實際上，生活是船，熱情便是帆。你可以沒有金錢，但你不能沒有精神；你可以沒有權勢，但你不能沒有生活的熱情。

無論生命的旅程是一帆風順，還是充滿磨難，都請你拿出熱情來。在風平浪靜時，從容地打點生活；在濁浪排空時，豁達地欣賞自我的生命的力量。

希望所有人都過得好

只有對人類的最強烈的愛，才能激發出一種必要的力量，來探求和領會生活的意義。

——高爾基

生活中的每一個人，都是避免不了要犯錯誤的。盡可能少犯錯誤，這是做人的準則；不犯錯誤，那是天眞的夢想。在別人出現錯誤時，以理解的心寬容別人，這絕不是軟弱，而是人生中的一種哲學。生發這種哲學的土壤就是愛，愛所有人，希望所有人都過得好，自己也會因此過得很好。

美國經濟大蕭條時期，18歲的姑娘曼莎好不容易才找到一份在一家高級珠寶店當售貨員的工作。在耶誕節的前一天，店裏來了一位30歲左右的男顧客。他雖然穿著很整齊乾淨，看上去很有修養，但很明顯，這也是一個遭受失業打擊的不幸的人。

此時，店裏只有曼莎一個人，其他幾個職員剛剛出去。

曼莎向他打招呼時，男子不自然地笑了一下，目光從曼莎的臉上慌忙躲閃開，彷彿在說：你不用理我，我只是看看。

這時，電話鈴響了。曼莎去接電話，一不小心，將擺在櫃檯上的盤子弄翻了，盤子裏裝著的六枚精美絕倫的鑽戒指掉在了地上。姑娘慌忙去撿。可她撿回了五枚以後，卻怎麼也找不到第六枚戒指。當她抬起頭時，看到那位男子正向門口走去，頓時，她明白了那第六枚戒指在哪裡。

當男子的手將要觸到門框時，曼莎柔聲叫道：「對不起，先生。」

那男子轉過身來，兩個人相視無言，足足有一分鐘。曼莎的心在狂跳，他要是使用暴力怎麼辦？他會不會——

「什麼事？」他終於開口說道。

曼莎極力壓住心跳，鼓足勇氣，說道：「先生，這是我第一個工作，現在找個事真不容易，是不是？」

男子長久地審視著她，良久，一絲微笑在他臉上浮現出來，曼莎終於也平靜下來，她也微笑著看著他，兩人就像老朋友見面似的那樣親切自然。

「是的，的確如此。」他回答，「但是我能肯定，你在這裏會做得不錯。」

停了一下，他向她走去，並把手伸給她：

「我可以爲你祝福嗎？」

緊緊地握完手後，他轉身緩緩地走向門口。

曼莎目送他的身影在門外消失，轉身走回櫃檯，把手中的戒指放回原處。她的眼睛有些濕潤，她心裏想：上帝呀，讓這些日子趕快過去，使大家都好起來吧！

「使大家都好起來吧！」這是多麼善良的一句話啊！

不要為自己的享樂設定先決條件

快樂沒有本來就是壞的，但是有些快樂的產生者，卻帶來了比快樂大許多倍的煩擾。

——伊壁鳩魯

常常有人說，忙忙碌碌不知爲了什麼。通常的答案是爲了自己的明天，不過這個明天是很虛無縹緲的，不知道會不會來到。如果今天可以享樂的話，爲什麼要等到明天呢，而且享樂會給自己的生活帶來更大的衝勁。

你可以爲自己訂立享樂的目標，這目標可大可小。買一輛嚮往已久的汽車，觀賞一次精彩的芭蕾舞或是裝飾自己的臥室，把自己的生活水準提高。

在此，向你提一個建議：不要爲你的享樂設定先決條件。

不要說：「等我賺到一百萬，我就可以好好享樂。」

不要說：「等我上了那架飛往巴黎、羅馬、維也納的飛機，我就高興了。」

不要說：「等我到了60歲退休時，我就能躺在沙灘上享受日光浴——」

享樂不應該有「假如」等等限定條件。

每天的一個基本目標是：你有權自娛，不論你是一位百萬富翁或是一個安分守己的小老百姓。

一個自我意象脆弱的百萬富翁，可能會對自己說：「如果有人把我的所有積蓄奪去，那就沒有人會理我了。」

一個自我意象堅強的人，可能對自己說：「如果債主非得逼我和他捉迷藏不可，那我就借這機會好好活動活動。」

在人的前半生，有享樂的能力，而無享樂的機會；在人的後半生，有享樂的機會，而無享樂的能力。朋友，記得在忙碌的學習、生活、工作中抽出時間享受一下人生的樂趣。花一點錢、花一點時間對自己好一點，人生就是這麼一次。

保持一顆童心

心者，眞正也。——若失卻童心，便失卻眞心；失卻眞心，便失卻眞人。人而非眞，全不復有初矣。

——李贄

有個人是個樂天派，不論遇到好事壞事，整天都笑嘻嘻的，好像一個孩子一樣，家人說他是個長不大的孩子，整天沒個正經。而他自己則說之所以能每天過得很開心，就是因爲自己還是個「孩子」，還有一顆「童心」。

有位老師曾問他7歲的學生：「你幸福嗎？」

「是的，我很幸福。」她回答道。

「經常都是幸福的嗎？」老師再問道。

「對，我經常都是幸福的。」

「是什麼使你感到如此幸福呢？」老師接著問道。

「是什麼我並不知道，但是，我眞的很幸福。」

「一定是什麼事物帶給你幸福的吧？」老師追問道。

「是啊！我告訴您吧，我的夥伴們使我幸福，我喜歡他們。學校使我幸福，我喜歡上學，我喜歡我的老師們。還有，我喜歡上教堂，也喜歡學校。我愛姐姐和弟弟。我也愛爸爸和媽媽，因爲爸媽在我生病時關心我。爸媽是愛我的，而且對我很親切。」在孩子的眼中，一切都是美好的，身邊的一切，小朋友、學校、教堂、爸媽等等都給他們幸福感，都讓他們快樂。

學為會為自己微笑

如果你不學會在麻煩時笑，當你變老時，你不會對任何東西笑。

——愛德華・豪

不知是誰曾經說過這樣一句名言，「如果你沒有英俊的外表，那就讓自己變得有才華，如果你連才華也沒有，那你應該學會微笑！」

簡單而現實的生活告訴我們，英俊的外表並非想像得那麼重要，橫溢的才華也並不是每個人都可以得到，但是不論是誰都有權利微笑。微笑是一株芳香撲鼻的白色百合，成長於一顆純淨的心靈。在微風中彌漫著真誠和善良的芳香。微笑是陽春裏怒放的杜鵑，用火一樣的顏色展示生命真實的色彩，微笑是臘月寒冬裏那一束陽光，儘管只有微弱的熱量也能讓人感覺到溫暖。

微笑，永遠是我們生活中的陽光雨露。那麼，我們如何才能學會微笑呢？

1．你要相信自己的微笑是世界上最美麗的微笑；

2．讓那些能夠給你帶來輕鬆愉快的事情圍繞著你；

3．在辦公室的顯眼位置上，擺放假日裏令你難忘的照片，比如，你家裏的小狗，正經八百地戴著一副眼鏡，裝模作樣地打量著鏡頭。這些照片，可以使你從日常緊張的工作中得到片刻的休息。

4．儘量消除或減少一些負面消息對你的影響。了解世界上所發生的一些新聞是重要的，但不必每天如此。

5．每天，在你的周圍，去努力尋找那些幽默和歡樂的事情。即使你遇到了大塞車，在你等待的這段時間裏，你不妨想像自己正在演出一部電視劇，你是劇中的一個人物，遇到了同樣的情況。類似的練習可以使歡樂取代壓力。

6．這最爲重要的一點，要學會爲自己微笑。要記住，微笑不僅僅是爲了別人，更是爲了自己。

讓昨天過去，把握好今天

今天乃是我們唯一可以生存的時間，我們不要庸人自擾——或爲未來而漫無目的地苦悶或爲昨天的過失而傷感——而使它成了我們身體和精神上的地獄。

——富蘭克林

隆沙樂爾曾經說過：「不是時間流逝，而是我們流逝。」不是嗎，在已逝的歲月裏，我們毫無抗拒地讓生命在時間裏一點一滴地流逝，卻做出了分秒必爭的滑稽模樣。其實說穿了，回到從前也只能是一個心靈的謊言，是對現在的一種不負責的敷衍。史威福說：「沒有人活在現在，大家都活著爲其他時間做準備。」

所謂「活在現在」，就是指活在今天，今天應該好好地生活。這其實並不是一件很難的事，我們都可以輕易做到。

昨天就像已經支付過的支票，明天則像還沒有發行的債券，只有今天是現金，可以馬上使用。今天是我們輕易就可以擁有的財富，無度的揮霍和無端的錯過，都是一種對生命的浪費。

不要迴避今天的眞實與瑣碎，走腳下的路，唱心底的歌，把頭頂的陽光編織成五彩的雲裳，遮擋凌空而至的風霜雨雪。每一個日子都向人們敞開，讓花朵與微笑回歸你疲憊的心靈，讓歡樂成爲今天的中心。如果有荊棘刺破你匆匆的腳步，那也是今天最眞實的痛苦。認識眞實的自己，活在當下！

迎接今天的最佳姿勢就是站立，用你的手拂去昨天的狂熱與沉寂，用你的手推開明天的迷霧與霞輝，用你的手握住今天的沉重與輕鬆。把迎風而舞的好心情留在今天，把若隱若現的陰影也留給今天。

只有把握好今天，才能讓生命感知生活的無邊快樂。

「墨菲定律」最後忠告：
如果事情進行得異常順利，
那你很可能已誤入歧途了。

國家圖書館出版品預行編目資料

習慣改變性格，唐牧　著，　初版，
新北市，新視野 New Vision，2024.04
面；　公分 --
ISBN 978-626-98223-0-0（平裝）
1.CST：習慣　2.CST：生活指導

176.74　　113001071

習慣改變性格

唐牧　著

出　　版　新視野 New Vision
製　　作　新潮社文化事業有限公司
電話 02-8666-5711
傳真 02-8666-5833
E-mail：service@xcsbook.com.tw

印前作業　東豪印刷事業有限公司
印刷作業　福霖印刷企業有限公司

總 經 銷　聯合發行股份有限公司
新北市新店區寶橋路 235 巷 6 弄 6 號 2F
電話 02-2917-8022
傳真 02-2915-6275

初　　版　2024 年 4 月